中国社会科学院财经战略研究院报告
National Academy of Economic Strategy Report Series

中国社会科学院创新工程学术出版资助项目

中国宏观经济运行报告

（2013~2014）

ANALYSIS AND FORECAST OF
MACROECONOMIC PERFORMANCE OF CHINA（2013-2014）

刘迎秋 吕风勇／主编

社会科学文献出版社
SOCIAL SCIENCES ACADEMIC PRESS（CHINA）

出版前言

中国社会科学院财经战略研究院始终提倡"研以致用",坚持"将思想付诸实践"作为立院的根本。按照"国家级学术型智库"的定位,从党和国家的工作大局出发,致力于全局性、战略性、前瞻性、应急性、综合性和长期性经济问题的研究,提供科学、及时、系统和可持续的研究成果,当为中国社会科学院财经战略研究院科研工作的重中之重。

为了全面展示中国社会科学院财经战略研究院的学术影响力和决策影响力,着力推出经得起实践和历史检验的优秀成果,服务于党和国家的科学决策以及经济社会的发展,我们决定出版"中国社会科学院财经战略研究院报告"。

中国社会科学院财经战略研究院报告,由若干类专题研究报告组成。拟分别按年度出版发行,形成可持续的系列,力求达到中国财经战略研究的最高水平。

我们和经济学界以及广大的读者朋友一起瞩望着中国经济改革与发展的未来图景!

中国社会科学院财经战略研究院

学术委员会

2012 年 3 月

《中国宏观经济运行报告 2013～2014》
课　题　组

主　　编　刘迎秋　吕风勇

成　　员　（按文序排列）

　　　　　刘迎秋　吕风勇　高　伟　郭冠清

　　　　　郭宏宇　邹琳华　陈玉秀

摘　要

2013 年前三季度，中国经济再次经历了一个从明显下滑到初步企稳的过程。尽管前三季度中国经济增速仍然处于低位，但经过 2011～2012 年较大幅度和较长时间的回调，大部分企业在产能和存货等方面的调整已经进行得比较充分，经营状况有所改善，赢利能力有所提高。不过，宏观经济运行中仍然存在一些深层次的矛盾和问题，制约着中国经济的较快复苏，甚至威胁未来中国经济的稳定运行，关注并妥善解决这些矛盾和问题，对于实施宏观经济调控和促进中国经济长期健康发展具有重要意义。为此，本报告诸章对相关问题进行了探讨。

第一章是对 2013～2014 年宏观经济运行的分析与预测。报告对中国经济的一般运行状况、存在矛盾和问题、未来总体趋势做了分析，认为产能过剩严重、物价水平变动复杂、投资消费结构调整难度大、潜在金融风险隐存等是中国经济运行中存在的主要矛盾。报告还认为，以 2013 年为标志，经济增速转换体现了中国经济已经由需求不足的周期波动演变为供给约束的周期波动，从而次高增速将常态化。报告研究了影响中国经济未来走势的因素，给出了主要宏观经济指标的预测值，认为 2014 年中国经济将保持平稳运行，经济增速或为 7.8%，居民消费价格指数涨幅则将略回升至 2.8% 左右。

第二章和第三章分别对中国产能过剩和结构失衡问题进行了研究。报告主要通过生产函数法对中国产能利用和过剩程度进行了测算，发现金融危机以来，中国产能过剩程度提高了 10 个百分点以上。由于产能过剩对经济增长和经济平稳运行所具有的严重威胁，报告认为，应该加快中国经济增长方式由粗放型向集约型的转变，依靠提高生产要素的质量和利用效率来实现经济增长，并且控制政府主导下的过度投资行为，逐步实现投资主体由政府向企业的转化，使企业承担固定资产投资所带来的真实成本，实现资源的有效配置，在根本上杜绝过度投资冲动。报告对中国经济结构失衡的状况进行了测算，认为 2012 年中国经济结构调整取得了较好的成就，经济结构指数已下降至 0.4889，从次级不均衡走向了次级均衡状态。不过，报告也指出，2013 年中国经济结构某些方面的失衡状况又有所加剧，表明结构失衡的改善仍然需要采取一系列有效措施加以巩固。

第四章对存货投资与中国产出波动关系进行了研究。报告分别用高频季度数据和低频年度数据对中国存货投资的某些统计特征进行了研究，得出如下结论：一是存货投资具有较明显的顺周期特性；二是生产的波动大于最终需求的波动；三是周期下滑阶段存货投资总量变化的顺周期性更强，但在周期上升阶段存货投资增量变化的顺周期更强；四是工业存货投资占工业总产出比重与工业总产出增长率之间的同期变化关系不显著，但存在较明显的领先和滞后关系；五是制造业存货存量占营业收入比重与营业收入环比增速呈现一种短期逆周期关系，并且存货占比升高，还有可能对应着滞后一期和滞后两期较高的营业收入环比增速。研究还表明，除了个别极端时期，当前固定资本形成和消费仍是影响中国经济波动的主要因素，存货调整对于产出波动而言仍然是较次要的影响因素。

　　第五章对加工贸易顺差与人民币汇率的关系以及经济对增长的抑制效应进行了研究。加工贸易顺差和主要为从事加工贸易而流入的外商直接投资共同形成的国际收支顺差将长期推动人民币升值，而人民币升值将进一步使得中国一般贸易出口受到损害。关于加工贸易出口和一般贸易出口的贸易乘数测算结果表明，单位一般贸易出口要比单位加工贸易出口对经济增长的带动作用更为显著。根据这种逻辑，在劳动力和土地等要素资源供给条件发生变化、不再是接近无限供给的状态甚至出现结构性短缺时，加工贸易带给中国的劳动力等资源充分就业的好处越来越少，而带来的顺差过大、贸易争端上升、人民币升值抑制经济增长等问题却越来越突出，因此，鼓励加工贸易的贸易战略和相关优惠政策需要重新审视并尽快调整，以矫正扭曲的贸易结构，减轻国际收支失衡程度，促进中国经济的平稳运行。

　　第六章对当前"稳增长"的货币政策操作进行了分析。尽管报告认为中国货币供给量的快速增加带来一系列问题，包括房地产市场泡沫、产能过剩与潜在的通货膨胀压力等。但是，综合国内外货币供给与经济增长数据，发现货币供给量的超速增长是各国经济高增长阶段的必然现象，正是中国保持较长时期的经济高速增长才使得中国 M2/GDP 指标达到较高水平。目前，中国货币适度宽松的上限尚未达到，管制利率、稳定经济等政策均需要货币适度宽松予以配合。另外，在宏观经济景气程度较低时，货币适度宽松对经济泡沫的推动作用也较弱。因此，中国的货币政策需要维持必要的扩张幅度，在此后随经济增长阶段的变化中进行逆向调整。

第七章是对中国地方政府债务的监测和分析评价。研究发现，当前地方政府的债务规模仍然在不断扩大，风险也在不断累积。报告认为地方政府债务具有六个特点：一是地方政府并非因财政赤字被动负债，而是为发展经济主动融资；二是政府投资具有显著外部经济收益，地方经济发展对政府债务存在依赖性；三是融资平台是目前地方债务的主要载体，地方举债的隐蔽性不断增强；四是土地使用权既是重要的举债抵押品，也是偿债资金的主要源泉；五是商业银行偏好为地方政府融资，银行贷款是地方债的主要来源；六是地方债务管理机制尚不健全，偿债准备金制度尚待建立。由于地方政府债务很容易因地方发展状况改变和债务期限错配而引发系统风险，报告认为应该果断采取必要的措施及早化解隐存的地方债务风险。

综上所述，中国经济运行仍然处于由高速增长向次高速增长转换的阶段，不仅有效需求较为疲弱，而且供给结构过剩严重，需要有效平衡"稳增长、调结构、促改革"的关系，努力在扩需求调供给、稳增长谋效率的基础上，开启一个新的经济周期。在新的经济周期中，社会需求平稳增长，投资消费失衡减轻，生产效率提高，中国将进入一个更具有可持续性的次高经济增长阶段。

目 录

第一章
2013～2014 年宏观经济运行
分析与预测

——结构调整再现新周期，次高增长呈现常态化

一 2013 年宏观经济运行的基本特点

2013 年前三季度，中国经济增速再次经历了一个从明显下滑到初步企稳的过程，物价水平则开始呈现较快上升的态势。尽管前三季度中国经济增速仍然处于低位，但经过2011～2012 年较大幅度和较长时间的回调，大部分企业在产能和存货等方面的调整已经比较充分，经营状况有所改善，赢利能力有所提高。总体来讲，前三季度中国经济有惊无险；宏观层面，经济运行初步企稳；微观层面，企业应对能力增强，除部分行业依然存在严重的产能过剩、局部区域财务金融风险有所累积外，中国经济表现仍然较为出色。

1. 投资现链式紧缩，经济再度下滑

2013 年前三个季度，中国国内生产总值（GDP）分别同比增长 7.7%、7.5% 和 7.8%，2012 年第 4 季度以来的经济回稳态势没有得到维持，而是经历了再次探底过程，2013 年第 3 季度才有所好转（见图 1－1）。从工业增加值看，2013 年 3 月份和 6 月份的工业增加值增速均低于 9.0%，1～6 月累计增速也只有 9.3%，低于上年同期 1.2 个百分点，到 8 月份和 9 月份，工业增加值才又重回 10.0% 以上（见图 1－2）。

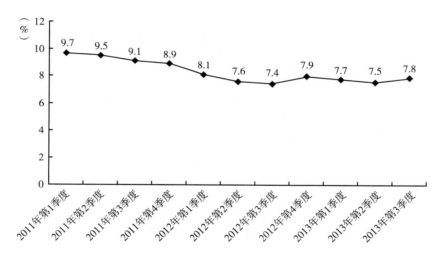

图 1－1　2011 年第 1 季度至 2013 年第 3 季度国内生产总值季度同比增速

资料来源：国家统计局网站。

尽管中国经济增速较低，但国民经济运行中还是出现了一些积极因素，促使经济趋于平稳运行。从地区来看，2012 年前两个季度，中国大陆 31 个省、区、市 GDP 增速全部出现了

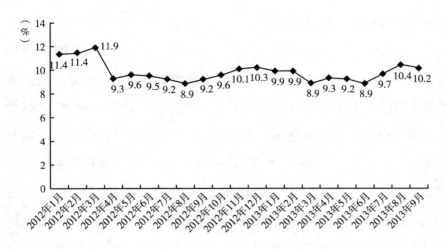

图 1 - 2 2012 年 1 月至 2013 年 9 月全国规模以上
工业增加值同比增速

资料来源：国家统计局网站。

回落，但 2013 年前两个季度，有 8 个省、区、市 GDP 增速维持不变或增长，特别是像北京、上海、广东、浙江、福建等发达省、市经济增速都有所提升，对全国范围的经济运行起到了重要的稳定作用。从产业结构看，2013 年前两个季度，第三产业增加值增速达到 8.3%，比上年同期提高了 0.5 个百分点，而上年同期却回落了 1.9 个百分点；尽管第二产业增加值增速继续较上年同期回落，但是回落幅度仅为 0.7 个百分点，远小于上年同期 2.3 个百分点的回落幅度。事实上，虽然中国经济前两个季度表现不佳，但是第 3 季度 7.8% 的 GDP 增速，在一定程度上表明中国经济运行的稳定性程度在增强，尽管这种增速的提高可能并不具有很强的趋势性。

2013 年前两个季度，中国经济增速没有延续上年第 4 季度的回升态势，经济调整没有完全到位、经济内生性的紧缩导致了增速的下滑，特别是产能过剩和消费减速所产生的传导效应，进一步增加了中国经济复苏的难度。前两个季度，制造业投资同比增速为 18.7%，低于上年同期 6.1 个百分点，成为影响投资增长的主要因素。本轮经济下滑主要源于外需不振和房地产市场调控，所以重工业和出口部门受到的影响首当其冲，相关行业因此出现了严重的产能过剩，投资增长也受到了明显抑制，如有色金属冶炼及压延加工业、电气机械及器材制造业以及通信设备、计算机及其他电子设备制造业等行业。进入 2013 年，由于投资关联性带来的传导效应以及消费增速的放缓，更多的上游行业和消费品生产行业，投资增速也开始出现明显下降，例如采矿业、化学原料及化学制品制造业、专用设备制造业、农副产品加工业、食品制造业等行业。同时，经济的不景气也影响了人均收入的提高，1~6 月全国人均可支配收入只增长了 6.5%，低于上年同期 3.2 个百分点，使消费需求降低，并导致部分消费品行业的投资出现回落，例如食品制造业的投资增速就比上年同期回落约 17.1 个百分点。更多行业的投资不振以及消费需求的疲弱，使得中国经济增速在 2013 年前两个季度出现回落。但是，随着大部分行业投资增速下降，过度迂回生产和投资的严重程度也逐渐得到矫正，经济运行的内生性底部开始形成。2013 年第 3 季度，GDP 增速回升到 7.8%，特别是 8 月份和 9 月份工业增加值增速分别达到 10.4% 和 10.2%，一定程度上反映了经济内生调整已经较为充分，经济运行进一步趋于平稳。

2. 需求疲弱助推物价暂时走稳，结构性差异导致食品、租金价格持续升高

2013年前三季度，居民消费价格指数（CPI）、工业生产者出厂价格指数（PPI）和生产者购进价格指数的涨幅总体较为缓和。前三季度，CPI同比涨幅平均为2.5%，基本维持了2012年下半年以来温和上涨的态势；PPI则同比下跌了2.1%，略大于上年同期-1.5%的跌幅；生产者购进价格指数也基本保持了与PPI同样幅度的变化（见图1-3）。

居民消费价格总体涨幅基本保持相对低位的同时，食品和住房租金等部分居民消费项目价格却出现了较明显的上升。9月份，食品价格同比上涨了6.1%，特别是牛肉价格同比上涨了21.9%，鲜菜价格上涨了18.9%，鲜果价格上涨了12.5%，家庭服务及加工维修服务价格上涨了7.9%，住房租金价格上涨了4.4%。尽管物价上涨受季节、天气等偶然因素的影响，但不可否认有一定的趋势性，这种趋势性主要受需求回升和长期价格结构调整等因素影响。

需求由疲弱逐渐开始恢复，使得被抑制的通货膨胀又出现加速上涨的苗头。2013年前两个季度，固定资产投资和社会消费品零售总额的增速都较上年有所回落，固定资产投资完成额增速由上年同期的20.4%回落到20.1%，社会消费品零售总额增速由上年同期的14.4%回落到12.7%。需求增速的放缓特别是消费品需求增速的明显放缓，对居民消费价格起到了抑制作用。但是，2013年第3季度起，无论是投资需求还是消费需求，都开始较快增长，社会消费品零售

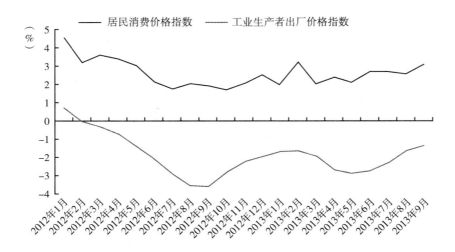

图1-3　2012~2013年居民消费价格指数和工业生产者出厂价格指数月同比变化状况

资料来源：国家统计局网站。

总额从6月份开始，增速都超过13.0%，9月份则达到13.3%。需求由弱转强，在一定程度上对通货膨胀起到了推动作用。

价格结构差异仍然是长期推动物价上升的主要因素。近些年，由于劳动生产率提高、生活成本上升和劳动供给结构性短缺等，中国劳动力成本呈现快速上升势头，特别是农村转移劳动力成本上涨更为显著。而由于同工同酬规律的存在，以劳动力成本为主要成本的服务类产品的价格也相应出现了明显的上涨。同时，劳动生产率较低的第一产业只有通过产品价格上涨才能获得平均利润或平均报酬也导致粮食价格超常上涨。2005~2011年，第一产业就业人员人均粮食产量实际年均增长6.8%，而第二产业就业人员人均名义增加值年均增长12.1%，所以只有通过粮食价格的上涨才能缩小平均利润或平均报酬率的差距。事实上，截至 2011 年，第二产业就业人员人均名义增加值高达 9.8 万元，而第一产业就业人员人均名义增加值只有 1.8 万元。居民租房价格之所以连续 45 个月同比上涨，并且上涨幅度较大，主要原因与持续上涨的住房销售价格有关。根据北京房地产中介行业协会公布的数据，2012 年，北京住房租金平均每平方米为 53.5 元。根据伟业我爱我家市场研究院数据，2012 年，北京二手住宅成交均价为 24594 元/平方米，年化房价租金比高达 38.3，是合理比值的 3 倍左右。动态来看，这种比值是不能持续的，要么通过房价的下跌，要么通过房租的上涨来予以修正。截至 2013 年 9 月底，北京房价上涨率又超过了 10%，因此住房租金也具有内在上涨的要求。

3. 内外因素致使外需复苏缓慢，对外贸易增长波动幅度明显增大

2013 年前三个季度，全国实现货物贸易进出口总额同比增长 7.7%，高于上年同期 1.5 个百分点，其中，出口增长 8.0%，进口增长 7.3%，分别高于上年同期 0.6 个和 2.5 个百分点。就月度数据而言，1~9 月进出口增速总体波动幅度较大，1 月份、3 月份和 4 月份增速都超过了 10%，1 月份甚至达到 26.7%，但出口额在 6 月份和 9 月份同比都出现了下降，进口额则在 2 月份、5 月份和 6 月份同比出现了下降。从贸易方式来看，一般贸易的波动幅度相对较小，并从 6 月份起开始缓慢上升，特别是进口额累计增速回升较快，出口额累计增速则稳中略降；包括加工贸易在内的其他贸易方式，无论是进出口总额还是出口额或进口额，累计增速自 3 月份开始一直保持持续下降的态势，除了进口额累计增速外，截至 9 月份，进出口额累计增速和出口额累计增速都已经低于一般贸易。前三季度，由于进口累计增速低于出口累计增速，并且出口额又大于进口额，贸易顺差继续增长，共计 1693.61 亿美元，同比增长 14.2%，不过增速较上年有所回落（见图 1-4）。

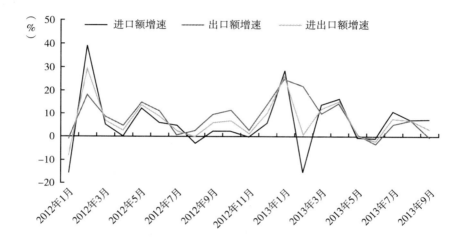

图 1-4 2012～2013 年进出口贸易月度变化状况

资料来源：中经网统计数据库。

2013 年，中国对外贸易没有出现明显好转，主要原因是全球经济仍然较为低迷，外部需求相应受到严重抑制。2013 年第 1 季度和第 2 季度，欧元区 GDP 同比分别下滑 0.8% 和 0.2%，衰退程度甚至超过了上年同期，这也导致中国与欧洲联盟的贸易额下降了 0.8%，其中出口额下降了 2.1%。同期，美国 GDP 分别只增长 1.3% 和 1.6%，表现远逊于上年第 1、2

季度，相应的，中国对美国的出口额增速也由上年的 9.6% 下滑到 3.0%。总体来看，2013 年第 1、2 季度，OECD 国家 GDP 增长率分别只有 0.6% 和 1.0%，经济复苏尚需经历艰难的历程。在世界经济萎靡不振的情况下，中国对外贸易较上年有所好转，这主要得益于与中国香港、中国台湾、东南亚和澳洲国家等进出口贸易的较快增长。

除了中国对外贸易受全球经济萎靡不振和外部需求疲弱影响外，中国企业自身存在的竞争力下降也一定程度上对中国对外贸易产生了不利影响。2005 年以来，由于劳动力结构短缺状况显现，以及住房成本和生活成本的上升，企业劳动力报酬经历了一个快速上涨的过程，2005 年 6 月至 2013 年 6 月，全部单位从业人员劳动报酬上涨了 3 倍多，年均递增 19.0%。而且，由于中国持续的贸易顺差和资本顺差，人民币也一直处于升值趋势，2013 年 6 月 28 日比 2005 年汇改前已经累计升值 34.0%。人民币较大幅度升值和劳动力报酬以较快速度上升，对中国企业出口产品的国际竞争力起到了严重的抑制作用，这也是中国对外贸易难以再现往日高速增长的重要因素。另外，过去那种较高的贸易基数也会影响对外贸易的增速。

4. 房地产投资"稳增长"作用上升，制造业投资"保增长"作用明显下降

2013 年前三季度，全社会固定资产投资增速基本保持平稳，为 20.2%，比上年同期回落 0.3 个百分点，其中，制造业投资增速比上年同期回落 4.98 个百分点，房地产开发投资增速比上年同期提高 4.3 个百分点，特别是住宅开发投资提高了 9.0 个百分点。房地产开发投资稳定全社会固定资产投资的作用明显上升。社会消费零售总额增速为 12.9%，低于上年同期 1.2 个百分点，对经济增长的贡献度下降较大。图 1-5 描述了房地产开发投资、住宅开发投资和制造业投资增长对全社会固定资产投资增长贡献的百分点数。从图 1-5 可以看出，进入 2013 年，房地产和住宅开发投资对全社会固定资产投资累计增速的贡献点数显著增加，"稳增长"作用上升，制造业投资的贡献则显著降低。

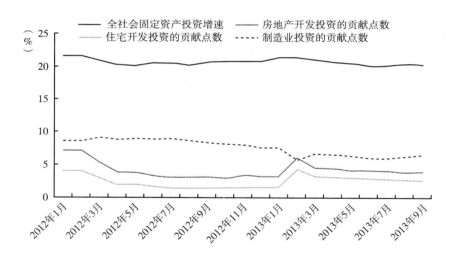

图 1-5 房地产开发、住宅开发和制造业投资对全社会固定资产投资累计增速的贡献

资料来源：中经网统计数据库。

房地产开发投资增速上升的主要原因：一是受 2010 年以来房地产调控压抑的刚性需求有释放的要求；二是房地产调控

导致房地产特别是住宅的可供给量有所下降；三是前三季度房地产价格的明显上升刺激了房地产开发企业的投资意愿；四是迅速扩大的新建和二手住宅的成交量导致房地产开发企业库存减少或耗竭；五是房地产开发企业买地热情推动土地购置费的快速增长。由于这几方面原因，房地产开发特别是住宅开发投资的增速迅速上升。制造业投资的下降则是需求没能如预期回升、经济持续内生紧缩的结果，特别是重化工行业的产能过剩、PPI价格的持续下滑等，更是削弱了制造业企业的投资意愿和投资能力。

5. 货币政策总体稳健偏"中"，央行保持谨慎

2013年以来，货币政策总体稳健偏松。2013年9月底，广义货币（M2）余额同比增长14.2%，比上年同期低0.6个百分点，但比上年底高0.4个百分点；狭义货币（M1）余额同比增长8.9%，比上年同期高1.6个百分点，比上年底高2.4个百分点。不过，从月度变化来看，无论是M2还是M1，余额增速总体呈现走低之势，特别是1～6月，增速回落趋势明显，6月底，M2和M1的余额增速分别只有13.99%和9.03%，分别比5月底低1.8个和2.3个百分点。由于货币供应降速过于剧烈带来的不利影响，此后货币供应速度又有所加快。但是，中央银行试图在2013年底将M2余额增速控制在14.0%左右，货币政策总体仍然保持了稳健偏松。由于6月底货币投放速度的突然减慢，银行间市场资金短缺较为严重，此后，为了避免资金短缺，各金融机构增加了流动性持有，使得银行间同业拆借月加权平均利率保持在

相对高位，9 月底为 3.47%，比上年同期高 1.54 个百分点
（见图1－6）。

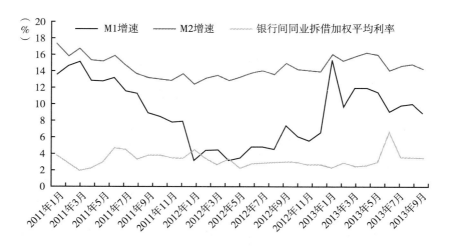

图 1－6　2012～2013 年货币供给量月末同比增速与银行间
月度同业拆借加权平均利率

资料来源：中经网统计数据库。

从社会融资规模看，根据央行统计，2013 年前三季度为
13.96 万亿元，比上年同期多 2.24 万亿元，比上年同期多增
0.32 万亿元。其中，人民币贷款占同期社会融资规模的
52.1%，同比低 5.2 个百分点；委托贷款占比 13.0%，同比
高 5.7 个百分点；信托贷款占比 11.3%，同比高 5.3 个百分
点；未贴现的银行承兑汇票、企业债券和非金融企业境内股票
融资占比都有不同程度的降低。尽管前三季度人民币贷款占同
期社会融资规模的比重有所降低，但是相比上半年而言，仍然
提高了 2.1 个百分点。这也是中央银行对银行理财产品加强监
管的结果，部分制止了存款"脱媒"现象的发生。

二　宏观经济运行中的主要矛盾与问题

2013 年，中国经济经历了下滑后再度出现企稳迹象，但是宏观经济运行中仍然存在一些深层次突出矛盾和问题，制约着中国经济的较快复苏，甚至威胁未来中国经济的稳定运行。关注并妥善解决这些矛盾和问题，对于实施宏观经济调控和促进中国经济长期健康发展具有重要意义。

1. "产能过剩" 是经济运行中的根本矛盾

产能结构性过剩依然是中国宏观经济运行中存在的一个严重问题，它不仅造成资源的闲置和浪费，也会引致较大的经济波动，威胁经济的稳定运行。尽管中国几年前就已经认识到产能过剩问题，并采取了一系列措施，但是由于政策措施的力度不足，以及体制安排方面的原因，产能过剩问题一直未能有效解决。产能过剩问题的缠绵难愈，使得相当一大部分企业经营困难，抑制了企业赢利能力的提高，影响了企业科技创新能力的提高。1～9 月，尽管全国规模以上工业企业实现利润总额比上年同期增长 13.5%，但增速仍然低于 2012 年第 4 季度，主营业务利润同比增长也只有 5.3%。41 个行业中仍有 15 个行业主营业务利润总额出现下降。这表明企业，特别是产能过剩严重的国有企业，仍然处于经营困难的境地，这势必影响企业的科技创新投入，不利于全要素生产率的提高。产能过剩还在一定程度上造成了结构性通货紧缩，使得 PPI 持续走低，影响经济复苏。

当前，钢材、水泥、平板玻璃、电解铝和船舶行业存在的产能过剩问题尤为突出，甚至威胁到众多行业的生存和发展，也对经济生活产生了方方面面的负面影响。

造成这些行业产能过剩的原因很多，但主要是企业受前些年需求旺盛、价格上涨的刺激过度投资造成的。大部分产能过剩行业面临的长期需求仍然是增长的，产能过剩的威胁主要来自快速增加的新增产能。图1－7显示，船舶制造行业2009年以来的产量是逐步绝对减少的，处于负增长状态，表明该行业的产能过剩是绝对的，需要对存量产能予以调整或压缩。钢铁、水泥、平板玻璃和电解铝行业的产量在2011年和2012年都是保持增长的，表明产品需求仍有上升趋势，因而该行业的过剩是相对的，应避免新增产能的过度形成，而存量过剩产能则可以通过需求增长逐步消化。

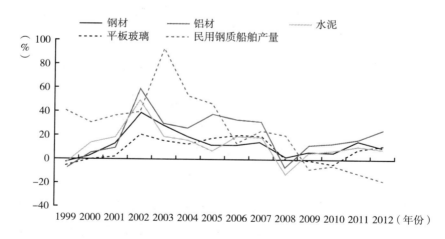

图1－7　五大产能过剩行业的产量增长状况

资料来源：中经网统计数据库。

为什么在产能过剩、企业盈利水平下降的情况下仍会有大量的新增产能形成呢？主要有以下几方面原因：一是地方政府发展经济的愿望迫切，不仅降低了这些行业准入的门槛，而且通过财税金融政策过度补贴，从而使新增产能的成本更为低廉，促进了企业投资的积极性。二是西部地区处于发展较快的阶段，固定资产投资增长较快。同时，这些区域大都是地广人稀、资源能源富集的地区，在这些地区投资重化工业，生产和销售成本更低。三是产能过剩多集中于资金密集型行业，这些行业在地方政府的支持和鼓励下更易于获得巨量银行贷款资金，从而易于激起部分资金短缺或是迫切需要大发展的民营企业的投资热情。四是这些产能过剩行业大多属于国有企业，其中部分国有企业由于预算约束不强，企业经营管理者追求规模和发展的愿望强于对赢利的追求，也使这些企业倾向于扩大投资规模。

2. 投资消费结构调整难，是实现扩大内需的最大阻力

2000 年以来，中国经济的高速增长是投资主导型的增长，而高速投资之所以能够持续，主要是三方面因素导致的：一是出口需求高速增长，而出口需求相对国内生产而言是一种终端需求，有效引致了国内相关产业投资的增长；二是国内消费升级，对房地产和汽车等大宗商品需求旺盛，进一步推动了国内相关产业的投资增长；三是出口部门、房地产业、汽车业等行业的投资增长，带动了国内上游相关产业特别是投资额巨大的重化工业的投资增长。在资本和劳动力投入一定的情况下，投资的快速增长无疑会降低消费的产出份额，虽然这种投资增长带来的 GDP 增长会促进消费的绝对增长，但也会通过房地产、原材料和生产资料等产品价格的不合理上涨侵占消费。同时，人为压低的资源价格、肆意排放的污染、偏重生产的货币投放、较低甚至为负的实际存款利率，也在一定程度压制了消费而促进了生产投资。图 1－8 显示了 2000 年以来中国资本形成率和最终消费率的消长变化情况。2000 年，资本形成率和最终消费率分别为 35.3% 和 62.5%，2012 年资本形成率和最终消费率已经变动至 47.8% 和 49.5%，十年间资本形成率上升了 12.5 个百分点，最终消费率则下滑了 13.0 个百分点。尽管如此，图 1－9 也显示，社会消费品零售总额和固定资产投资的增长变化还是具有很明显的相关性。图 1－8 和图 1－9 表明，要转变投资主导型发展模式并不能简单地靠缩小投资规模和降低投资增速来实现，否则只会单纯地提高消费占国内生产总值中的份额，不会带来消费的快速增长和总量的相应增加。

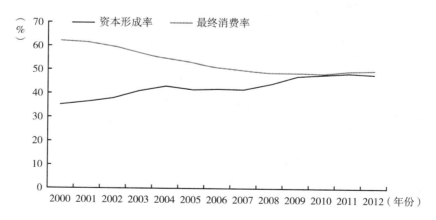

图 1－8　资本形成率和最终消费率的消长变化

资料来源：中经网统计数据库。

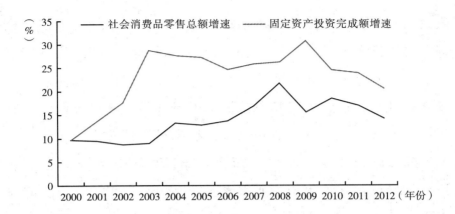

图 1 - 9　投资和消费变动的相关情况

资料来源：中经网统计数据库。

2013 年前三季度，全国固定资产投资同比增长 20.2%，低于上年同期 0.3 个百分点；社会消费品零售总额同比增长 12.9 个百分点，低于上年同期 1.2 个百分点。这些数据表明，在目前的发展模式下，当投资增速放缓，消费也无法独自维持较高的增速，因为投资增速的放缓将影响产出，降低吸收新增劳动力的能力以及放缓劳动者报酬的增速，继而影响消费。事实上，2013 年上半年，城镇新增就业人员达到 725 万人，高于上年同期，但是比上年同期只多增加了 31 万人，却低于上年同期多增的 39 万人。2013 年前三季度，全国城镇居民可支配收入实际增长 6.8%，也明显低于上年同期的 9.8%。投资增速的放缓并没有为消费打开增长的空间。

由投资主导型的发展模式向消费主导型发展模式转换的条件和影响因素是什么？经济增长是由资本和劳动力的投入以及科技创新和体制创新带来的。如果在科技和体制不变情况下，假设劳动力投入不变和经济结构不变，只有资本投资增加，经济才可能出现增长。这样一种模式的增长，势必伴随资本形成率上升、最终消费率下降；但是，如果是科技创新和体制创新带来经济增长，却可能在保持资本形成率不变甚至降低的情况下促进消费增长，扩大消费总额，提高最终消费率。

就中国当前的发展情况而言，除科技创新和体制创新之外，仍然存在其他可以在保持资本形成率不变甚至降低情况下提升消费总额和所占产出比重的可能途径：一是推动外需向内需的转换，把国外消费需求转换为国内消费需求；二是推进经济结构转换，推动资本投资较少、劳动力投入较多的服务业发展。所谓外需向内需的转换，无疑是说以国内消费需求替代国外消费需求，减少国内居民在国外的被动储蓄，并保持出口型消费部门投资生产的增长，这样一种途径是通过降低货物和服务出口占产出份额的方式，提升最终消费率。服务业的较快发展，则会直接增加劳动力收入占产出的份额，这样一种方式将降低资本形成率，而提升最终消费率。但这两种方式都有现实制约条件，以国内消费需求代替国外消费需求，存在着消费需求结构的差异性问题，而且国内居民提高消费率也面临着诸多微观制约因素；而服务业的发展事实上也在很大程度上依赖工业的发展，在目前试图脱开工业的发展而发展，还难以做到。

科技创新能力不足、体制创新不及时、居民消费倾向难以提高、产业结构调整存在困难等，成为投资消费结构转换的阻碍因素，也限制了有效需求的增长。

3. 通货膨胀成因复杂，"控物价"面临艰难的选择

2013年前三季度，CPI维持了2.5%的温和同比涨幅，PPI则同比下降2.1%，连续19个月保持同比下降态势，工业生产者购进价格指数也同比下跌2.2%。不仅CPI和PPI保持一定程度的背离，而且CPI和PPI内部不同价格指数之间的涨跌也相差较大。CPI中几乎所有的食品价格指数、居住价格指数中的住房租金价格、家庭设备用品及维修服务价格指数中的家庭服务及加工维修服务价格、娱乐教育文化用品及服务中的教育服务价格，涨幅都比较大，交通和通信价格指数则出现了一定的下跌。食品、居住和教育类消费品等价格的过快上涨，增加了居民的生活成本压力，也将进一步增加劳动力成本。PPI中的生产资料价格指数同比降幅较大，特别是采掘价格指数和原料价格指数，分别下降了6.2%和3.3%，冶金价格指数也有明显的下降。

CPI与PPI的走势尽管有所背离，但都有结构性因素和周期性因素。产能过剩、居民消费需求较弱是PPI走低、CPI涨幅温和的周期性因素。但是，对物价具有主导性影响的因素却是结构性的。CPI上涨主要是由于食品类、劳务类和房租类项目价格上涨带来的，而这些品类价格上涨主要是劳动生产率差异较大的行业应得到相同的利润率这一规律作用的结果。相反，PPI的持续下滑，却与PPI前些年涨幅过于巨大，现在需要予以修正的内在要求有关。事实上，2000～2012年，CPI累计上升了33.5%，PPI累计上升了29.8%，工业生产者购进价格指数累计上升了63.1%，不仅CPI涨幅没有明显高于PPI，

甚至远远落后于工业生产者购进价格指数（见图1－10）。因此，随着收入水平的提高，食品类和劳务类项目价格相对于工业品类项目价格，长期内具有更快上升的趋势，但2000年以来，这一现象总体表现得还不甚明显，它们之间的比价关系仍需要不断调整。

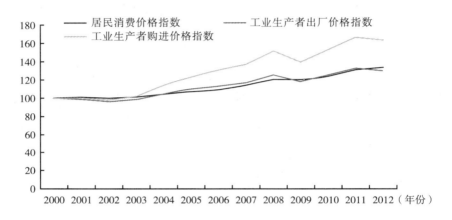

图1－10　2000～2012年三大定基指数（2000年＝100）
变化对比

资料来源：中经网统计数据库。

但是，物价之间的表现差异大，影响因素复杂多样，将增大宏观调控特别是货币政策操作的难度。大多数国家中央银行的货币政策操作都将控制通货膨胀作为主要目标，将消除产出缺口作为辅助目标，这两种目标有时是一致的，但有时因为经济结构的变化而产生冲突。就中国物价变动的复杂情况而言，中央银行面临着诸多两难处境，严重束缚中央银行的货币政策操作：一是CPI和PPI走势背离，中央银行选择过松的货币政策有可能使CPI超出控制目标，过紧则会进一步加剧PPI下滑压力；二是影响 CPI 上涨的结构性因素作用较强，过松的货币政策有可能推高 CPI，但是过紧的货币政策对于降化 CPI 涨幅作用并不明显，甚至会伤及实体经济，即货币政策具有不对称的作用效果；三是偏松的货币政策会更大程度刺激资产价格上涨，却很难促进实体经济的发展，即增加的货币更易滞留于虚拟经济，却很难流入实体经济。在这些两难处境中，中央更多采用了同时盯住 CPI 和 GDP 的做法，当 CPI 没有超出控制目标而 GDP 增速又偏低的时候，就进行偏松的货币政策操作；当 CPI 超出控制目标，就逐渐转向紧缩。即使如此，仍然存在两个方面的隐患：一是偏松的货币政策或许在当时并没有引起通货膨胀，不过经济转暖后，过多的货币受流通速度提升的影响却有可能引起较高的通货膨胀；二是当 CPI 超出 3.5% 的控制目标后，紧缩的货币政策或许并不会有效控制住通货膨胀，甚至可能遏制刚刚复苏的实体经济。因此，如何合理调整目标通货膨胀率、动态调节货币投放力度，将构成对中央银行货币政策的重大考验。

4. 经济运行存在诸多潜在金融风险，是国民经济持续健康发展面临的长期挑战

2013 年，中国经济发展中存在的一些问题有变得更为严重的迹象，如果不能及时解决，可能酿成局部或系统金融危机，造成不可估量的严重后果。其中，地方政府债务负担率再次明显上升，部分城市房地产价格上涨过快，就是两类对经济稳定造成不确定影响的突出问题。此外，部分中小企业经营困难，债务链极易断裂，产能过剩、经营困难的大型重化工企业债务负担过重等问题，也威胁着金融体系的安全和稳定。

2012 年前三季度，全国地方本级财政收入 45779 亿元，同比增长 15.2%。2013 年前三季度，地方本级财政收入同比增长 12.7%，增速比上年放缓 2.5 个百分点，但是，由地方政府主导的水和燃气的生产和供应业投资增速分别比上年提高 3.95 个百分点和 0.13 个百分点，道路运输业投资增速更是比上年提高了 19.81 个百分点。这表明，如果投资结构没有发生明显变化，地方政府为满足这些投资需要，不仅要维持而且会超越过去的融资规模，所以 2013 年当年地方政府性债务融资规模只能在原有的基础上进一步提高，而存量债务规模也将大幅增加。

国家统计局公布的全国 70 个大中城市房价数据显示，9 月份，70 个大中城市新建商品住宅价格环比上涨的城市依然有 65 个，从同比来看，70 个大中城市中，价格下降的城市仅有温州 1 个，上涨的城市有 69 个。中国土地勘测规划院全国城市地价动态监测组发布的报告显示，全国城市地价水平持续小幅上涨，环比、同比增长率加速上升。2013 年第 3 季度，全国主要监测城市地价总体水平为 3286 元/平方米，商服和住宅地价分别为每平方米 6201 元和 4910 元。全国城市地价同比增幅连续 4 个季度加速上涨，整体处于较高位运行水平。房地产在已经虚高的价格基础上再度出现明显涨幅，不仅对居民消费产生不利影响，而且累积的风险也越来越大，房价一旦下跌，给经济、金融稳定带来的危害也将增大。

中国地方政府债务偿债能力与城市房地产的发展密切相关，从而进一步加大了房地产市场蕴藏的系统风险。尽管中国居民购买住宅首付比例较高，金融特别是银行系统对房价波动的承受能力较强，但是，地方政府债务规模的累积可能对金融体系带来更大的危害。因为，地方政府很多债务以土地资产作为担保，凭借土地整理收入和房地产税收收入作为偿债资金来源，但房地产市场的不景气，不仅将降低土地资产的价值，而且还将减少房地产的成交量，从而减少土地整理收入和房地产税收收入，严重削弱地方政府的偿债能力。尽管目前这种情况不大可能发生，但是如果房地产价格仍然持续上涨、地方政府债务规模依然滚大，则不大可能发生的事情将成为必然发生的事情。因此，抑制房地产价格，特别是管束地方融资冲动，以及减小二者的关联，对于维护经济金融稳定至关重要。

尽管抑制房地产过热和紧缩地方融资规模是必要的，但是短期看，却可能造成房地产投资和地方政府投资的意愿和能力下降，会在一定程度上影响经济复苏的步伐。当前为预防系统金融风险而采取的一些措施，虽然会为未来经济稳定的发展消除威胁和扫除障碍，但也会对短期经济稳定增长产生不利的影响，这成为当前宏观经济运行中的一个突出的矛盾，因此需要对长期经济安全和短期经济稳定之间做出统筹合理的政策安排。

三　2013~2014年宏观经济运行趋势分析与预测

（一）趋势判断：供给周期特征凸显，次高增长或成常态

2013年前三季度，尽管中国经济增长速度较上年略有下

滑，但是基本维持低位震荡局面，并不具有趋势性。2013年第3季度，中国经济增速止跌回升，呈现一些经济回暖的迹象。这是暂时性的还是趋势性的？要对此做出比较确切的判断，依然是一件困难的事情。我们试图在分析影响经济运行的各种有利与不利因素的基础上，尝试对此初步做出自己的判断。

1. 需求衰退周期逐渐演变成供给调整周期，次高增长或成常态

2013年，中国经济并没有延续上年第4季度经济增速上升的趋势，而是基本维持了与上年相差无几的经济增长速度，宣告了"V"形反转期望的不可能实现。那么，2013年第4季度和2014年是否能够延续第3季度经济增长上升的趋势，从而出现"W"形反转的局面呢？我们认为这存在着极大的困难，主要是因为经济发展的根本矛盾已经有所转移，由需求不足逐渐转向要素供给约束和结构性产能过剩，即需求本身也已经发生了根本变化，外部需求逐渐为内部需求所替代，投资需求逐渐为消费需求所替代。因此，中国经济增长由"高速"向"次高"的转换，2008年体现为危机冲击下的有效需求不足引起的短期周期性下滑，但以2013年为标志，这种增速转换已经成为结构性和阶段性的周期性下滑，即主要由需求不足的周期波动演变为供给约束的周期波动，从而次高增速将常态化。

（1）要素成本上升将推动服务业比重提高，但服务业劳动生产率明显低于制造业

2008年全球金融危机以来，中国经济受到了冲击，经济增速出现了巨大波动，至今仍然面临需求疲弱的局面。不仅如

此，2008~2013年，就在经济复苏缠绵难愈之际，过去高速增长所掩盖的一些内部矛盾也日渐凸显。这突出地表现在要素资源的供给方面，特别是土地和劳动力供给日益稀缺，成本不断攀升。2013年前三季度相对2008年前三季度，全部单位就业人员平均劳动报酬5年间上涨了82.7%，土地平均成交价上升了165.2%。此外，对产品出口竞争力具有重要影响的人民币汇率，自2008年以来也经历了较大幅度的升值，2013年9月份人民币对美元加权平均汇率相对2008年9月份升值9.8%。因此，从企业要素供给量和生产成本来看，这5年间，一直支撑中国对外贸易高速增长的低成本优势已经受到极大削弱，中国制造业的发展难以再现往日的辉煌。

中国要素供给状况的变化，将推动中国产业结构发生重大的变化，特别是服务业比重将进一步上升。中国对外贸易增速的放缓，将一定程度上减轻国内储蓄用于国外消费的程度，并将资源更多地用于国内生产方面。当前中国制造业的生产能力已经足够供给国内消费，但是服务产品供给则相对不足，从而资源将更多地流向服务业生产，服务业在国内产出中所占的比重将进一步提升。服务业比重的上升将使国内居民获得更大的消费效用，经济增长的质量和效益也会有所提高。

服务业比重的提高尽管能够提高经济增长质量和效益，也可以让国内居民获得更多的效用福利，但由于服务业的劳动生产率低于制造业，从而使得经济增长速度会出现趋势性的回落。图1-11描述了1990~2012年中国第二产业与第三产业劳动生产率比值的变化情况。从图中可以看出，中国第二产业的劳动生产率一直高于第三产业，2004 年达到峰值 1.6，此后这一比值就开始下降，特别是 2008 年以来下降更是明显，2013 年前三季度第二产业与第三产业劳动生产率的比值下降为 1.2。不过，2008 年以来中国制造业受到了国内外需求疲弱的打击，从而劳动生产率有所下降，因此，第二产业和第三产业劳动生产率比值的缩小并不完全是第三产业劳动生产率提高的结果。服务业在国内产出中所占比重的上升，还是会在一定程度上降低经济增长的速度。

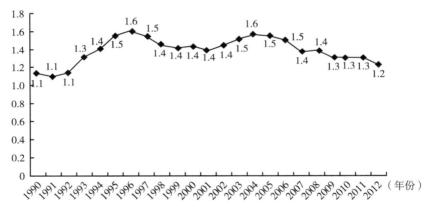

图 1－11   1990～2012 年中国第二产业与第三产业
劳动生产率比值

资料来源：中经网统计数据库。

（2）产能过剩消解有赖"产业升级"、"经济转型"的实现

这个过程可能至少需要 3～5 年。时间成本将削弱需求扩张的乘数效应。

尽管中国对重化工产品的需求仍然每年增长，但是新的产能不断地形成，使得产能过剩难以在短期消解。尽管国务院增大对五大产能过剩行业的清理整顿力度，但是，对相关企业进行"关停并转"涉及多方面的利益，矛盾冲突重重，不是在短期内能够彻底解决的。特别是产能过剩行业都是受地方政府重视的市场化程度低、国有股份比重大的行业，市场机制在调节过剩的产能方面基本处于失灵状态，即使对其进行市场化改革，也需要相当长的时间。这些因素都决定了中国产能过剩问题在未来相当长一段时间内存在，至少需要用 3~5 年的时间来解决这一问题。

产能过剩将对经济复苏形成严重压制。一是产能过剩行业的投资将受到抑制。国务院清理过剩产能的决心非常坚定，对产能过剩行业投资的审批变得更为严格，导致行业投资难以较快增长，但这又是国家进行结构调整不得不为的事情。二是即使消费和外需等终端需求有所增加也不能有效引致新的投资。由于经济内部产能过剩的存在，部分闲置的产能或许能够被利用起来，从而减轻产能过剩的程度，但是不能有效引致新的投资，投资乘数效应的传导渠道被切断，经济复苏的力度会大幅削弱。因此，从这些角度讲，经济内部存在的产能过剩，在未来相当长一段时间内都对经济带来不利影响，使得中国经济的复苏更为困难。

（3）全球化、城镇化和重工业化"三化"叠一的时代已经逝去，由其伴随的需求热潮会出现趋势性回落

伴随着中国住房制度改革和加入 WTO，2000 年以后，中国经济开始进入一个持续保持两位数的高速增长阶段，2006 年和 2007 年的国内生产总值甚至分别达到 13.3% 和 14.6%。

经济能够维持高速增长，不仅仅由于对外出口贸易的迅速增长和汽车、房地产需求的大幅增加，还由于当时中国重化工业尚未充分发展，外部需求和内部需求的增加，不仅引致了出口部门投资的增加，更直接或间接引致了重工业的大规模投资。这一时期，以对外出口贸易迅速增长为特征的全球化、以房地产大规模开发为核心的城镇化、以固定资产投资为动力的重工业化，"三化"叠一，促进中国"大投资"、"大开放"格局的形成，旺盛的需求刺激着各行各业的发展热情，带动了中国经济的高速增长。2006年和2007年，货物和服务净出口对国内生产总值的拉动分别达到2.14个百分点和2.56个百分点，全社会固定资产投资同比增速分别达到24.5%和25.8%，房地产投资同比增速则分别达到21.8%和30.2%。正是对外出口贸易和投资带来的旺盛需求的大幅增长，使得中国经济维持了多年的高速增长。

然而，目前阶段这些因素的积极影响逐渐减弱。对外贸易额的趋势性下降、重化工企业的产能过剩和地方政府债务及居民债务负担的提高，分别限制了出口、工业投资、房地产投资的较快增长。不仅如此，出口和投资增速的下降还会通过影响产出规模的增长，相应降低农村转移人口规模的增速，进一步降低了城镇化的速度。2013年前三季度，中国对外出口额同比增速只有8.0%，制造业投资同比增速更是下降到了17.9%，房地产投资在上年增速较低的基础上以及房价上涨进一步刺激的情况下，虽然同比增速达到了19.7%，但比2000年以来24.7%的平均增速低了许多，而且难有可持续性。2013年前三季度，城镇新增就业人员达到 1066 万人，提前完成了全年的目标，但是与日益增加的就业基数相比，增长速度仍然出现持续下降。图 1 - 12 显示，2007 年以来，全国城镇年末从业人员增长率持续下降，2012 年下降到 3.3%，比 2007 年下降了 1.2 个百分点，预计这种趋势仍将持续下去。此外，2013 年主要以房地产按揭贷款为主的居民中长期消费贷款已占居民储蓄的 21.8%，比 2007 年提高了 5.5 个百分点，影响了居民对房地产的购买能力。所有这些因素综合起来，都表明"三化"叠一时代那种旺盛的需求已经不可能再现。

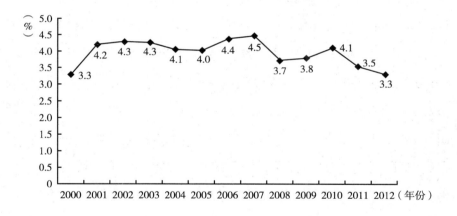

图 1 - 12　2000～2012 年城镇年末从业人员增长率

资料来源：中经网统计数据库。

2. "稳增长"的落脚点是"调结构"，但宏观调控的政策力度和效果或将有所减弱

进入 2013 年，中国继续实施"稳增长"的政策，并及时根据经济形势的变化进行了适度的预调微调，使得第 3 季度扭转了前两个季度经济增速下滑的局面，确保了年度 7.5% 的经济增长目标的实现。不过，尽管"稳增长"政策对经济增速企稳发挥了重要作用，但这种企稳态势仍未巩固，而且通货膨胀率仍然在调控目标之下，"稳增长"作为一种政策目标将基本保持不变，只是"稳增长"的政策边际效应会呈现递减之势，"稳增长"政策对未来经济增长的贡献度也会有所降低。不过，由于 2013 年"稳增长"政策只是着力于预调和微调，遵循了"微刺激"的原则，所以对经济内部结构的危害相对较小，操作不仅具有灵活性，也更具有可持续性。

货币政策基本保持了稳健偏松的操作力度。9 月底，广义货币 M2 同比增长 14.2%，略低于上年同期 0.6 个百分点，但狭义货币 M1 同比增长 8.9%，高于上年同期 1.6 个百分点。2013 年前三季度社会融资规模为 13.96 万亿元，比上年同期多 2.24 万亿元，比上年同期多增 0.32 万亿元。这些数据表明，货币政策并没有因为前两个季度经济增速下滑而过度扩张，从而也具有一定的可持续性。为"使经济运行保持在合理区间"，7 月份以来国家还出台了一系列措施，包括"加大铁路投资、城市基础设施建设、棚户区改造投资力度、刺激国内信息产业消费发展"等。这些措施在着眼于"稳增长"的同时，还兼顾了"调结构"和"促改革"，已经发挥了比较显著的增长效应。

图 1-13 描述了电力、燃气及水的生产和供应业，交通运输、仓储和邮政业、水利、环境和公共设施管理业的投资占全国固定资产投资的比重变化情况。从图中可以看出，从 2005

年起，这三个政府投资比重较大的行业占全国固定资产投资的比重总体呈现下降趋势，表明中国通过政府投资来拉动经济发展的能力趋于弱化。不过，图1－13还显示，2013年前三季度三行业投资占全国固定资产投资的比重为20.7％，比上年同期提高了0.7个百分点，表明政府投资在拉动投资中的作用比上年有所提升。

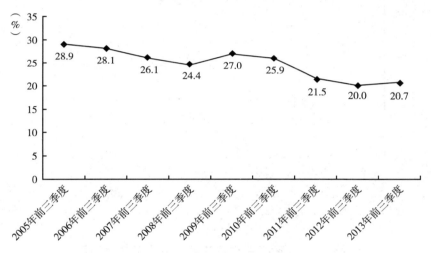

图1－13 政府主导投资的三行业投资所占全国固定资产投资的比重

资料来源：中经网统计数据库。

从图1－14中更容易看到政府投资在稳增长中的作用。图1－14分别描述了2007年前三季度到2013年前三季度包含和不包含三行业投资的全国固定资产投资增速变化情况。自2007年以来，只有2008年前三季度和2013年前三季度不包含三行业投资的全国固定资产投资增速小于包含三行业投资的全国固定资产投资增速，说明2008年前三季度和2013年前三季度，政府投资促使了全国固定产投资增速的提高。虽然2013年前三季度不包含三行业投资的全国固定资产投资增速只低于包含三行业投资的全国固定资产投资增速 0.9 个百分点，远小于 2009 年前三季度的 4.5 个百分点，但是也表明了2013 年前三季度政府投资稳定经济增长的重要作用。

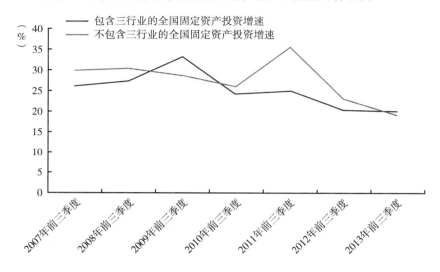

**图 1-14　政府主导投资的三行业投资对全国固定
资产投资增速的影响**

资料来源：中经网统计数据库。

总体而言，2013 年前三季度政府"稳增长"政策的效果显著，相对 2009 年"保增长"政策更具有可持续性。由于产能过剩比较严重，政府适度扩大投资规模不会刺激新的产能形成，而是有利于消化过剩的产能，这与 2009 年的投资扩张计划刺激了大量新的过剩产能有重要区别。不仅如此，2013 年前三季度"稳增长"政策在投资扩张方面显得比较有节制，从而也更具有持续性，这保证了现阶段"稳增长"政策不会造成过大的宏观经济波动。不过，由于 2013 年前三季度不包含三行业投资的全国固定资产投资增速已经低于包含三行业投资的全国固定资产投资增速，未来这种趋势却很难长久延续，"稳增长"政策的边际效应可能会递减，这会在一定程度上影响未来经济的稳定增长。

3. 全球经济微弱复苏苗头已现，但外部需求回升程度有限

2013~2014 年的全球经济将保持较低的增速，其中，欧洲之外的发达经济体可能有小幅反弹，而欧洲经济体将会持续低迷，新兴经济体的经济增速则会稳定在较低水平。

发达经济体与新兴经济体是全球经济的主要组成部分，它们的经济走势决定着全球的经济走势。基于 2012~2013 年的经济数据，我们认为发达经济体内部和新兴经济体内部国家或地区的经济增速有趋同的趋势，并且发达经济体与新兴经济体之间也有趋同的趋势。IMF2013 年 10 月期《世界经济展望》也认为全球产出同步性的可能空前增大。因此，我们可以从发达经济体和新兴经济体的增长前景来预测 2013~2014 年的全球经济形势。

2013 年第 2 季度，主要发达经济体（G3）的经济增速相对第 1 季度出现小幅反弹，但是此次经济反弹不会有很大的幅度。由于美国、日本、欧元区、英国都在实施大规模的量化宽松政策，这些经济体的经济反弹可以视作政策扩张的结果。目前，主要发达经济体的政策扩张都遇到困难。在 2013 年 4 月 27 日公布的《经济活动与价格展望》中，日本银行认为货币扩张带来日本经济的温和复苏，但是欧债危机对金融市场的冲击、全球经济的不确定性、税收的增长与中长期财政紧缩的可能性将影响复苏的步伐甚至使之逆转。未来这些风险因素都有增强的趋势。2013年10月2日，日本银行公布9月生活意识问卷调查结果，居民景气感受指数为－8.3，较6月调查时下降3.5点，时隔两个月份再次恶化。美国的货币政策与财政政策也在争议中前行，量化宽松政策是否退出的问题被反复争论。2013年9月，美国宣布维持现行的宽松货币政策不变。国会对财政赤字的削减计划难以达成一致，这导致2013年10月1日部分美国政府职能部门关停。欧元区各国和国际金融组织在应对债务危机的政策上难以取得一致意见，葡萄牙等国债务状况的恶化给欧债危机蒙上更厚的阴云。因此，发达经济体的扩张政策已经趋近极限，难以给各国经济以更大的刺激力度。

观察发达经济体的未来经济预期，可以发现欧债危机核心区域与外围区域的差异。欧元区的未来经济预期持续为负，美国的经济预期相对较好。但是，进入2012年下半年，欧元区的经济预期出现好转趋势，美国的经济预期出现恶化趋势。这一方面表明发达经济体的经济增长出现收敛趋势，另一方面也表明欧债危机的影响已经扩散。进一步观察欧元区内的典型经济体，可以发现德国与欧元区的走势基本一致，而希腊的走势与美国接近。这表明欧元区正在将危机国的影响剥离，而剥离之后的影响主要通过金融市场反映出来。正是由于美国有发达的证券市场而能够进行大规模的国家风险对冲，所以希腊等债务国对美国等外围国家的冲击要比欧元区核心国更为明显。这也是德国等核心国吸引避险资金的重要原因。总的来看，发达经济体的经济预期趋于一致，其经济增速的反弹幅度也是有限的。

新兴经济体的经济走势预期则出现放缓的趋势。巴西、印度尼西亚和中国作为代表经济体，消费者信心水平差异较大。进入 2012 年后，新兴经济体的消费者信心指数普遍出现下降趋势，表明消费者对新兴经济体未来的高速增长缺乏信心，也预示着新兴经济体的经济增速会从之前较高的水平回落到相对较低的水平。

发达经济体和新兴经济体这种缓慢恢复的经济走势，将对中国对外贸易特别是出口贸易产生深刻的影响。同时，中国国内土地和劳动力等要素成本迅速上升、人民币持续升值、部分发展中国家由于产品出口竞争力的不断提高，对中国出口贸易的制约作用也越来越强，也对中国对外贸易产生不利影响。综合这些因素，在全球经济恢复缓慢的情况下，外部需求即使能够回升，幅度也将比较有限，对中国经济的带动作用也不会太明显。

（二）指标预测

综上所述，由于结构变化和阶段转换特征明显，未来中国经济难以再出现高速增长的局面。尽管如此，经济内生调整越来越充分，经济主体也越来越适应次高增长的新形势，经济自主性增长能力将进一步增强，在经济政策不发生大的变化的情况下，2013 年第 4 季度和 2014 年将基本保持稳定运行，并且经济增速会略有提高。

投资需求方面：2013年前三季度制造业投资已经向下调整得比较充分，未来有望保持平稳，但也不会出现明显的反弹；房地产投资由于2013年经历了较高速度的增长，住房需求释放力度较大，尽管土地购置面积降幅较上年明显减小，未来投资增速还是会有所放缓；政府主导的投资在"稳增长"中还会扮演重要角色，但由于新一届政府立志加强结构调整，不可能采取大规模的刺激增长的做法，因此，政府投资的效果将有所减弱。综合这些因素，全社会固定资产投资增速在2013年第4季度和2014年将呈稳中略降的趋势。

消费需求方面：2013年政府控制公款消费的决策对消费产生了一定的不利影响，但这种影响只具有水平效应，不具有增长效应，即只会影响2013年消费增速，但不会影响今后年份的消费增速，而且会有利于未来消费增速的恢复和提升。2013年城乡人均可支配收入较上年下降较为明显，也抑制了前三季度的消费，但是未来城乡人均可支配收入增速难以再在目前增速的基础上回落，这有助于消费的稳定。同时，国家已经推出促进信息消费扩大内需等消费政策，未来也有利于促进消费的增长。综合这些因素，社会消费品零售总额在2013年第4季度和2014年将呈稳中略升的趋势。

进出口方面：净出口是三大需求之一，它的扩大将能够直接促进国内产出的扩大，但是，中国净出口规模虽然较大，未来却难以出现明显增长，更为可能的是保持基本稳定，故而对经济增长的直接带动作用已经很微小。

　　结合上面的分析，2013 年中国经济增长率或为 7.7%，居民消费价格指数或为 2.6%，全社会固定资产投资增长率或为 20.3%，社会消费品零售总额增长率或为 13.0%，贸易顺差或为 2450 亿美元左右，进出口总额增长率或为 7.6%。2014 年，中国经济增长率或为 7.8%，居民消费价格指数或为 2.8%，全社会固定资产投资增长率或为 20.1%，社会消费品零售总额增长率或为 13.3%，贸易顺差或为 2600 亿美元左右，进出口总额增长率或为 7.0%。包括 2013 年和 2014 年在内的主要宏观经济指标预测值请见表 1 - 1。

表 1 - 1　2013~2014 年主要宏观经济指标预测值

单位：%，亿美元

指标	2013 年	2014 年
GDP 增长率	7.7	7.8
居民消费价格指数上涨率	2.6	2.8
全社会固定资产投资增长率	20.3	20.1
房地产开发投资增长率	19.5	18.5
社会消费品零售总额增长率	13.0	13.3
贸易顺差	2450	2600
进出口总额增长率	7.6	7.0

四　"稳增长、调结构、促改革"再平衡中的宏观政策选择

　　2013 年 7 月 16 日，李克强总理主持经济形势座谈会时表示，宏观调控的主要目的是避免经济大起大落，使经济运行保

持在合理的区间。其"下限"是"稳增长"、"保就业"，"上限"是防范通货膨胀，而当经济运行在合理区间内，就仍然要以转变经济发展方式为主线。7月30日，中共中央政治局召开经济形势分析会议，强调要统筹"稳增长、调结构、促改革"的关系，坚持宏观经济政策连续性，根据经济形势变化，适时适度进行预调和微调，稳中有为。这表明了本届政府在处理宏观调控和结构调整关系时的审慎态度，不仅表达了通过"调结构"加快转变经济发展方式的坚定决心，而且对当前经济增长的放缓态势也给予了密切关注和高度警惕，同时也更加重视"促改革"对达到"调结构"和"稳增长"的作用。

1. "稳增长、调结构、促改革"的主要目标：开启经济新周期

"稳增长、调结构、促改革"主旨是在扩需求调供给、稳增长谋效率的基础上，重启一个新的经济周期。在新的经济周期中，需求平稳增长，投资消费失衡减轻，生产效率提高，从而使中国进入一个次高经济增长阶段。

"稳增长"的目标应是尽量消除或减小实际经济增长率偏离潜在经济增长率的程度；或者说，当前为"稳增长"而设定的经济增长率目标不应过度低于潜在经济增长率，为结构调整和体制改革、开启经济新周期创造稳定的宏观环境。1993年第1季度至2013年第2季度，中国GDP增长率平均达到10.1%，全国固定资产投资增长率平均达到25.6%，工业增加值增长率平均达到13.8%。从这些数据来看，即使考虑到结构变化的因素，当前中国潜在经济增长率也不可能低于

8.0%。进一步从工业增加值与 GDP 的对应关系看，工业增加值增长率高于 GDP 平均 3.5 个百分点，即使 1993~2002 年，平均也达 2.6 个百分点，而 2013 年第 1 季度和第 2 季度，这一数值只为 1.7 个百分点左右。前两个季度实际经济增长率已低于潜在经济增长率，特别是工业增加值增长速度过慢已是无可争议的事实。不过，第 3 季度工业增加值增长率与 GDP 的差值上升到 2.3 个百分点左右，工业增加值相对 GDP 增长速度过低的情况得到一定程度的扭转，但实际经济增长率仍应在潜在增长率之下，"稳增长" 仍是当前中国进行宏观调控时追求的重要目标。

"调结构" 的目标是多元的，不仅包含消除过度投资导致的工业产能过剩，而且包括矫正长期以来形成的不合理的收入分配结构、投资消费结构、内外需求结构、城乡二元结构，以开启一个结构均衡、可持续性强的增长新周期。尽管 "调结构" 已经取得了一定的成效，但由于发展战略调整不到位、市场化改革不彻底、利益分配固化等深层次的矛盾仍然没有得到解决，"调结构" 将仍然是一项长期任务。只有各种矛盾逐渐得到缓解甚至化解的条件下才能实现所要达到的目标，试图在短期内达到 "调结构" 目标的各种努力都不会产生显著的政策效果。

"促改革" 是彻底解决各种深层次矛盾、促进经济发展方式转变和结构调整的根本途径，有时也表现为各类 "稳增长" 政策措施的制定和重新调整，通过体制改革为新增长周期输入源源不断的红利。"促改革" 是 "调结构" 和 "稳增长" 的重要保证，也是当前中国政府大力倡导和勉力推进的工作重点。即使如此，"促改革"也不是一蹴而就的，因为改革内容的纷繁复杂性以及所产生影响的广泛性，"促改革"仍要分清轻重缓急，力求有序推进。

2. "稳增长、调结构、促改革"面临的主要困难

"稳增长、调结构、促改革"是当前经济发展和调控的主基调，但是，无论是"稳增长"、"调结构"还是"促改革"，都还面临着许多深层次的矛盾和困难，考验着中国决策者的勇气和智慧。

"促改革"有两难：一是提高行政效率、推动服务型政府建设的改革障碍重重；二是调节收入分配、缩小收入差距的改革遇到多方面阻力。由于公有制经济占主体的所有制体制，中国政府支配自身资源和动员社会资源的能力十分巨大，加之地方利益、部门利益分化严重，行政和司法监管不到位，政府主动或被动地过多参与甚至干预经济活动，一定程度上降低了社会资源配置的效率，并造成了经济结构的扭曲。而收入分配方面，垄断行业与一般性行业之间、国有企业和其他所有制企业之间、普通从业者和灰色收入群体之间、工薪阶层和资产所有者之间，都存在着明显过大甚至不公平的收入差距，而这些收入差距形成的原因又是各异的，并不能仅仅通过差异化税收来达到调节的目的，更多还是需要通过市场化改革、所有制调整、司法公正和社会保障等手段，从多个方面缩小收入分配差距，这无疑将是一项艰巨而费时的工程。

"调结构"的难度更是不容小视，这也主要体现在两个方面：一是外向型、城镇工业优先发展模式的调整不是一蹴而就的；二是市场化改革和收入分配改革任重道远。市场化改革和收入分配改革面临的困难上文已经予以分析。市场化不到位将使资源的配置不能达到帕累托最优，经济结构进一步扭曲；收入分配差距过大则割裂了消费结构的梯度演进和消费能力的梯度提升，不利于有效扩大消费需求。另外，当前经济结构的形成很大程度上还是过去中国外向型、城镇化工业优先发展战略长期作用的结果，这带来外需过大、内需过小、城市过度发展、农村发展不足、投资增速过快、消费增速过慢等结构问题。因此，"调结构"还需要对发展模式做出彻底调整，即从外向型、高投入的发展模式转到内需主导、要素节约型的发展模式。不过，做到这一点就需要国内消费需求较大程度的提升和科技创新能力的明显提高，而这些，却又是当前难以迅速做到的。因此，"调结构"的难度特别是短期内的难度是可想而知的。从这个意义上来说，"调结构"目标事实上是不能仅仅单纯通过"调结构"而达到的，还需要配以其他多方面的综合措施。

相比而言，当下"稳增长"尽管也存在一定的难度，但由于其目标仅仅是将实际增长率维持在潜在经济增长率一定的波幅内，其目标是相对容易实现的。当前"稳增长"所面临的主要是扩大货币投放与预防通货膨胀的矛盾、扩大投资与部分工业产能过剩的矛盾、政府推进城镇化与地方政府债务风险的矛盾等，这几方面的矛盾也是制约中国"稳增长"政策力度和有效性的主要影响因素。基于这些情况，有一种观点认为，宏观调控力度过大将造成更严重的结构扭曲，延迟结构调整的进程。事实上，"稳增长"与结构调整并不必然是矛盾的。这体现在四个方面：一是经济增速过低将会减缓结构调整的进程，推进结构调整也需要维持必要的经济增速；二是很多结构调整的措施本身就具有"稳增长"的效应，结构调整在一定程度上也有利于经济稳定运行；三是部分"稳增长"的措施也有利于结构调整，如鼓励消费和新兴产业发展的政策措施等；四是"稳增长"是短期的，结构调整则是长期的，只要把握好轻重缓急，"稳增长"和结构调整的冲突是可以避免的。因此，既不因结构调整危害短期经济平稳运行，也不因宏观调控妨碍长期结构调整，妥善处理"稳增长"和"调结构"的关系，完全是有可能的。

3. "稳增长、调结构、促改革"的原则和重点

尽管结构调整需要更加积极的宏观调控，但是过度投资刺激的调控仍然有可能加重产能过剩的矛盾，这就要求宏观调控需要新思维，要更加重视那些既能"稳增长"，又能促进结构调整的政策措施；结构调整是一个长期的过程，而"稳增长"在当前具有更大的紧迫性，因此，部分影响短期经济增长的调整措施，在时间允许的情况下，可以考虑适当延迟出台。在这样一种调控原则下，用更多的精力探索那些既有助于扩大内部需求、又有助于结构调整的政策措施，从而将"稳增长"、"调结构"和"促改革"有机地结合起来，促进它们之间的良性互动。由于经济形势的紧迫性，当前亟须处理好"稳增长"、"调结构"和"促改革"之间的关系，分清目标的轻重

缓急，理顺措施的先后顺序。这就要求既不以"调结构"而减弱"稳增长"的政策力度，也不以"稳增长"而损害"调结构"的政策目标。同时，要更加重视"促改革"对前两者目标实现的促进作用，并以"调结构"和"稳增长"作为引导"促改革"的努力方向和确定工作重点的主要依据。

（1）"促改革"的重点和突破口要放在行政体制改革和收入分配制度改革方面

在行政管理体制方面，应清理或者减少各类行政事业性收费，限制行政机关的"自由裁量权"，加强对权力的监督，加大对权力滥施的惩处力度，特别是重新界定官商勾结或不当交易的性质和范围，并重视试行"由下对上"和"由上向下"相结合的监督模式，真正"将权力关进笼子"，创造公平化、市场化的经济环境，提高资源配置及经济运行效率。收入分配方面，需更加重视对不公平收入导致的收入分配差距的调节。加强对亏损或微利，却发放高额薪酬的国有企业的监督和查处力度。同时，清查灰色收入的可能来源，并将灰色收入定性为非法收入，鼓励部分灰色收入阳光化，其他灰色收入则予以坚决取缔或惩处；进一步加强对低收入者特别是进城农民的社会保障，放开其身份限制，鼓励其自由流动和择业。

（2）"调结构"的重点和突破口需放在对经济发展模式的调整上，并且要进行有利于提高科技创新能力的体制改革

"调结构"要推动能源和资源价格改革，工业用地、用电和用水的价格逐渐试行市场定价机制；清理和限制各地无序的税收竞争和财政补贴竞争，规范和引导地方政府的混乱招商引

资行为；逐步建立直接税为主体的税收体制，特别是减免部分服装和食品等生活必需品应缴纳的增值税，大力清理收费项目，提高居民消费能力；逐渐减少直至取消对加工贸易类型内外资企业的政策优惠，同时增加对一般贸易类型内外资企业的政策优惠；制定科技教育振兴规划，推进科研教育体制改革，以科技创新改造中国传统生产企业，提升产品技术含量和企业生产效率。通过这些措施，逐渐使中国经济发展更加依赖内需特别是消费需求的增长，并促进经济的全要素生产率的提高，减少对资源投入的依赖，促使中国经济步入更为持久健康的快速发展之路。

（3）"稳增长"仍应主要依赖财政税收政策和货币金融政策，要更加注重政策的结构性

要进一步对企业进行消"费"减"负"，一方面，减轻企业的负担；另一方面，减少政府有关部门对企业的干预，净化企业的经营环境。同时，适度扩大政府主导的投资规模，特别是增加有利于缩小中西部差距和城乡差距的投资。继续推行稳健的货币政策，特别是要通过金融资源配置的结构调整来促进实体经济的发展和结构转型，避免货币增加对资产价格的过度刺激。再者，要更加重视城镇化对"稳增长"的促进作用，不仅要重视城镇基础设施投资，更要重视农民身份转变带来的消费需求增长。

4. "稳增长、调结构、促改革"的具体政策建议

第一，适度扩大政府主导投资的规模，部分抵消投资增长放缓对经济产生的紧缩效应，但要避免刺激新的过剩产能的形

成。适度扩大政府主导的投资规模仍是短期内防止总需求进一步萎缩的主要途径。不过，由于前三季度政府主导的公共设施管理业和交通运输、仓储和邮政业的投资增速已达到较高的水平，分别为 29.4% 和 23.3%，所以要控制投资规模和促进投资结构的优化。当前可以选择城镇棚户区改造、城乡统筹公共服务设施和基础设施建设、区域产业转移需要的基础设施建设等作为投资的重点领域。

第二，继续推行稳健的货币政策，盘活存量，用好增量，通过金融资源配置的结构调整促进实体经济的发展和结构转型。当前经济仍然处于不景气时期，需要维持稳健偏宽松的货币政策。而经济结构的扭曲造成存量金融资源配置给大中型重工业行业及房地产等虚拟经济领域的比重过大，需要通过利率市场化、加强金融监管等方式改变金融资源配置结构，确保新增金融资源更好地用于实体经济，需要将更多的新的金融资源配置于中小微企业，鼓励它们扩大投资规模和提高效益。与此同时，要采取措施对冲金融改革可能对已有政策的冲击，例如民族产品享有优惠贷款利率，市场化改革下可由政府贴息的方式对冲这种冲击。

第三，继续推进税费改革，合理调整和降低居民支出负担，有效扩大国内消费需求，提高消费在内需中的比重。以流转税为主的税收体制造成中低收入者税负相对过重，高收入者的税负过轻。同时，中国普遍存在的物流成本过高和收费项目繁多等问题，在降低企业利润的同时，还会抬高商品或服务的价格。因此，应推动流转税制改革，逐步建立直接税为主体的税收体制，特别是要减免部分服装和食品等生活必需品缴纳的增值税，大力清理收费项目，降低居民购买支出负担，促进居民消费需求的提升。

第四，将促进中小城镇发展作为推动城镇化的一个重要核心内容，以中小城镇为主体来统筹城乡发展，促进国内投资需求的提升。中小城镇毗连乡村，不仅可以使城乡居民共享基础设施和公共服务设施，还可以满足乡村居民在城镇就业通勤的需要。因此，当前需要积极推动各类城镇公共服务的均等化，通过税收和金融等优惠政策，促使中小城镇逐渐形成产业聚集，继而吸引人口聚集，并加强向乡村辐射的能力，推动城乡的统筹发展。同时，以中小城镇为主体统筹城乡发展，加快中小城镇的基础设施、公共设施以及产业的投资，进一步提升国内投资需求。

第五，重新审视和调整中国对外经济战略，优化对外贸易结构，加大对一般贸易出口的支持力度，在促进经济增长的同时，矫正扭曲的内外需结构。中国通过优惠政策利用外资来鼓励加工贸易的战略产生的积极作用正在逐渐消失，而由国际收支失衡带来的人民币升值压力和贸易摩擦对一般贸易的危害日益增加，这对当前中国的出口增长以及经济稳定运行都产生了不容小觑的影响。当前要对中国对外经济战略进行调整，减少对加工贸易的政策优惠，更加重视一般贸易出口的发展，同时鼓励对消费品和高科技生产设备的进口，减轻国际收支失衡的程度。

第六，释放以体制改革促进经济健康增长的积极信号，稳定市场预期，引导社会资源向着有利于结构调整的方向流动和配置。应制定明确的改革路线图，支持符合市场需求的产品和服务供给，加大压缩和淘汰过剩特别是落后过剩生产能力的力度，并向社会公布，让市场主体明白未来的改革动向和政策方针，了解政府提高经济效率、促进结构调整的坚定决心。同时，使这种预期内化到市场主体自身的投资和消费活动中，使之符合未来经济结构调整的方向，避免资源误配可能造成的损失。

参考文献

IMF：*World Economic Outlook*（October 2013），http：//www. imf. org.

WTO：*World Trade Report 2013*，http：//www. wto. org.

中国人民银行：《2013 年前三季度社会融资规模统计数据报告》，http：//www. pbc. gov. cn。

中国社会科学院财经战略研究院宏观经济课题组：《第一季度经济形势与政策分析报告》，《中国社会科学院财经战略研究院专报》ZB2013（0507）。

中国社会科学院财经战略研究院宏观经济课题组：《上半年宏观经济形势与政策分析报告》，《中国社会科学院财经战略研究院专报》ZB2013（0730）。

刘迎秋：《次高增长阶段的中国经济》，中国社会科学出版社，2002。

第二章
产能过剩的测量、成因及其
对经济增长的影响

计划经济时代"短缺"是经济运行的常态。20 世纪 90 年代之后，中国实行了市场经济制度，经济运行方式发生了根本的转变，由卖方市场逐步转为买方市场。随之而来，出现了"产能过剩"现象，重工业领域尤其严重。如何认识和度量产能过剩，产能过剩对于中国的投资和经济增长有何影响，以及如何治理产能过剩，是当前中国宏观经济领域需要研究的重要课题。

一 产能过剩的性质与界定

1. 产能过剩的定义

产能过剩指相对于需求的多余供给能力。在宏观层面，产能过剩主要是指由于社会总需求的限制，经济活动没有达到正常限度的产出水平（潜在产出），从而使资源未得到充分利用，生产能力在一定程度上出现了闲置的情况。在微观层面，产能过剩指由于实际产出低于生产能力达到一定程度（如平均成本的最低点）时对应的最高产出，而形成的生产能力过剩。

2. 产能利用率的计算方法

产能利用率的计算方法大体分为两类，一类称为调查统计方法，另一类是宏观计量方法。所谓调查统计方法，即在抽样调查基础上，通过统计方法得到的产能利用率。发达国家如美国、欧盟、日本等国家，多由政府部门主导，发布产能利用率数据，而中国只有主要的行业协会才公布产能利用率数据。调查统计方法得到的产能利用率客观可靠，能够真实衡量产能利用情况。宏观计量方法，包括状态性分解方法（峰值法、H－P 滤波法、BK 滤波法等）、结构性方法（主要是生产函数法）和混合型方法（如 SVAR 方法、多变量状态性分解方法）等。这些方法都是以具体假设条件为前提进行的。

二 产能过剩的测算

国内外不少学者和研究机构都做过中国产能利用率的测算工作。这里首先以 IMF 为例，介绍较为权威的测算结果。之后，我们再报告本课题组的测算方法及测算结果，以及介绍相关部门公布的调查统计数据。

1. IMF对产能过剩的测算

2012年IMF使用结构模拟法测算了中国的产能利用率。结果表明，2011年底产出缺口比潜在产出低5%左右（见图2-1）。但是IMF指出，鉴于中国正发生深刻的结构性变化，很难确切算出真实的产出缺口。IMF的估计结果还显示，中国十年来大部分时间均存在过剩产能，虽然2008年全球金融危机前产出缺口有所缩小，但主要是由不可持续的高涨的外部需求拉动的。即使在经济增长率高于14%的2007年，非食品通货膨胀率仍然低而稳定，说明经济在低于潜在产出状态下运行。此后，2008年政府实施大规模投资刺激方案，拉高了经济增长率并使一系列领域生产能力大幅增加。

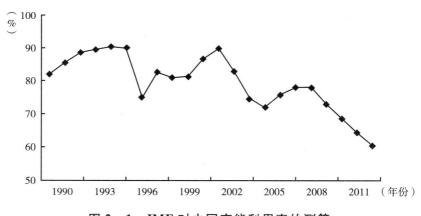

图2-1　IMF对中国产能利用率的测算

资料来源：IMF：《2012年第四条款磋商工作人员报告》。

2. 本课题组对产能过剩的测算

本课题组使用两种方法测算中国的产能利用率和产能过剩

程度，一种是 AK 函数法，另一种是 H－P 滤波法，这两种方法都是宏观计量方法。

（1）AK 函数法与产能过剩

本课题组借鉴王维国、袁捷敏（2012）的方法，使用 AK 函数法测算产能利用率。之所以可以使用 AK 函数法，是由于中国尚处于初期的实物资本积累阶段，人均实物资本存量较低，实物资本边际产量递减并不明显，使用固定系数的资本产量函数也就是适用的。

具体办法为，设定总量生产函数为 AK 函数，首先计算各年的实际 GDP 和实际资本存量（这里只计物资资本，不计人力资本和土地资本），然后计算各年的 GDP/K 的比值，将比值最大的年份作为产能利用率为 100% 的年份，以这一年的数据计算 A，从而确定 AK 函数，进而计算各年的产能利用率。具体步骤如下：

将中国产能界定为物质资本存量的函数，即

$$Z_t = F(K_t)$$

其中 Kt 为 t 年的物质资本存量，Zt 为 t 年的产能。因此，产能利用率的计算公式

$$U_t = Y_t / Z_t = Y_t / F(K_t)$$

其中，Ut 为 t 年的中国产能利用率，Yt 为 t 年的实际产出，即 GDP。

为了估算中国产能及其利用率，我们提出两个假定：

假定 1：中国产能 Zt 与物质资本存量 Kt 成比例，即

$$Z_t = F(K_t) = AK_t$$

其中，A 是一个待定常数。

假定 2：在整个研究期间 $T = \{t: t \in$ 某个年份的时间段$\}$，A 的取值使得在整个研究期间的产能利用率最大值为 1，即

$$A = \text{Max}(Y_t/K_t)$$

其中，Max 表示最大值的意思。

1978～2001 年的资本存量使用张军、章元（2003）《对中国资本存量 K 的再估计》的估算数据，2001～2011 年的资本存量按照 Goldsmith（1951）提出的永续盘存法进行计算，计算时使用固定资产投资价格指数和固定资产形成总额数据，都来自《中国统计年鉴 2012》，其中折旧率按照 5% 计算。测算的结果如表 2－1 和图 2－2。

表 2－1　中国产能利用率的测算（AK 函数法）

年份	Y	K	Y/K	A	AK	U
1978	3200.8	12362.0	0.259	0.342	4231.3	0.757
1979	3443.2	13416.2	0.257	0.342	4592.2	0.750
1980	3712.8	14295.8	0.260	0.342	4893.3	0.759
1981	3907.7	15019.0	0.260	0.342	5140.8	0.760
1982	4261.4	15789.0	0.270	0.342	5404.4	0.789
1983	4724.5	16852.5	0.280	0.342	5768.4	0.819
1984	5440.8	18266.0	0.298	0.342	6252.2	0.870
1985	6173.5	20217.8	0.305	0.342	6920.3	0.892

续表

年份	Y	K	Y/K	A	AK	U
1986	6720.1	22194.2	0.303	0.342	7596.8	0.885
1987	7498.2	24339.7	0.308	0.342	8331.2	0.900
1988	8344.2	26635.7	0.313	0.342	9117.0	0.915
1989	8683.1	28957.9	0.300	0.342	9911.9	0.876
1990	9016.4	31032.4	0.291	0.342	10622.0	0.849
1991	9844.1	33222.6	0.296	0.342	11371.6	0.866
1992	11246.3	35875.5	0.314	0.342	12279.7	0.916
1993	12765.2	38976.2	0.328	0.342	13341.0	0.957
1994	14379.9	42697.7	0.337	0.342	14614.8	0.984
1995	15892.0	46623.4	0.341	0.342	15958.6	0.996
1996	17415.7	50880.4	0.342	0.342	17415.7	1.000
1997	18955.6	55732.7	0.340	0.342	19076.6	0.994
1998	20436.5	61582.1	0.332	0.342	21078.7	0.970
1999	21895.7	67700.4	0.323	0.342	23172.9	0.945
2000	23647.5	74195.0	0.319	0.342	25396.0	0.931
2001	25421.1	81413.2	0.312	0.342	27866.6	0.912
2002	27530.7	93478.6	0.295	0.342	31996.5	0.860
2003	30146.2	108160.8	0.279	0.342	37022.0	0.814
2004	33010.3	125067.1	0.264	0.342	42808.8	0.771
2005	36289.0	143851.0	0.252	0.342	49238.3	0.737
2006	40331.3	165884.9	0.243	0.342	56780.2	0.710
2007	45381.3	190835.1	0.238	0.342	65320.3	0.695
2008	49217.8	218908.2	0.225	0.342	74929.6	0.657
2009	53745.8	255109.2	0.211	0.342	87320.5	0.616
2010	59335.3	295683.7	0.201	0.342	101208.6	0.586
2011	64853.5	338946.3	0.191	0.342	116016.8	0.559

注：Y 和 K 都是以 1952 年为基期计算的可比数据，其中 K 不包括土地和人力资本。

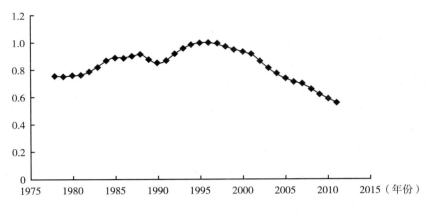

图 2 - 2　中国产能利用率变动曲线（AK 函数法）

从图 2 - 2 中的曲线可以看出，20 世纪 80 年代以后，中国的产能利用率经历了一个先波动上升再明显下降的过程，1996 年，产能利用率达到最高值。此后，中国的产能利用率一直走低。到 2011 年，中国的产能利用率只有 56%。这反映了中国以投资特别是政府投资主导型的经济增长方式伴随着产能过剩的积累。可以预计，如果中国的经济增长方式不改变，那么产能过剩问题会更加严重。虽然以上分析使用的是全行业宏观数据，但是结合下文要提到的官方统计的制造业产能过剩数据，可以清晰地看到，中国的产能过剩问题主要集中在工业，特别是制造业。

（2）H - P 滤波法

H - P 滤波最先由 Hodrick 和 Prescott（1980）提出，它是分析产出缺口、计算产能过剩的典型方法。我们将 1978~2012 年的实际 GDP 进行 H - P 滤波处理，得到如图 2 - 3 的结果。

从图 2 - 3 中可以看到，使用 H - P 滤波法计算的结果表

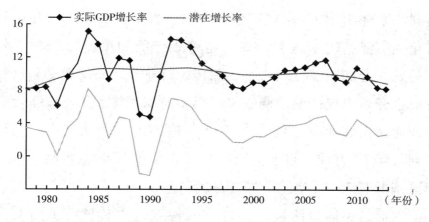

图 2 - 3　潜在产出、产出缺口的 H - P 滤波处理结果

明，2012 年的潜在 GDP 增长率为 8.3%，高于实际增长率 7.8%。这也表明，中国产能过剩问题确实存在，而且较为严重。

3. 调查统计数据与产能过剩

据工业和信息化部数据，产能过剩在大部分工业行业普遍存在。其中，钢铁、电解铝、水泥、平板玻璃、船舶等行业产能过剩情况尤为突出。2012 年底，钢铁、电解铝、水泥、平板玻璃、船舶行业产能利用率分别仅为 72%、71.9%、73.7%、73.1% 和 75%，明显低于周期正常水平。同时，上述行业还有大量在建、拟建项目，产能过剩矛盾呈加剧之势。工业产品供大于求，导致价格下行压力不断加大，企业普遍经营困难，亏损面扩大、效益下滑。2012 年，钢铁、电解铝、水泥、平板玻璃行业企业亏损面分别为 28.2%、34.9%、27.8% 和 35.7%；主营业务收入利润率分别为 1.04%、- 0.29%、6.63% 和 0.14%，同比分别降低 1.37 个百分点、3.64 个百分点、4.68 个百分点和 3.82 个百分点。2013 年上半年，工业生产出厂价格同比下降 2.2% 。中国有色工业协会数据显示，2012 年中国氧化铝产能利用率为 72.5% ，电解铝产能利用率为 78% ，铝行业处在产能明显过剩状态。除传统行业外，新能源和新材料行业也开始出现产能过剩迹象。典型的如光伏、风电设备等新兴产业。据硅业分会统计，2012 年底，国内多晶硅产能已经达到每年 19 万吨，目前光伏电池开工率仅 57% ，多晶硅开工率更是低至 35% ，属于"严重过剩"。

因而，中国现阶段产能过剩的特点是"传统行业过剩与新兴行业过剩并存"。

4. 合意产能利用率与产能过剩

目前，中国尚未建立对产能过剩定性、定量的科学评价标准。欧美国家一般用产能利用率或设备利用率作为产能是否过剩的评价指标。设备利用率的正常值在 79% ~ 83% ，超过 90% 则认为产能不够，若设备开工率低于 79% ，则说明可能存在产能过剩。中国的产能过剩问题有其特殊性。由于中国尚处于发展过程中，城镇化进程和经济发展都非常迅速，所以对中国产能过剩的判断不能与发达国家统一标准。这表明，不存在单一的产能利用率"合意"区间。

有一种观点认为，经济发展的不同阶段，合意的产能过剩区间也不同，而自改革开放以来中国经历了不同的工业化阶段，各阶段经济增长的动力及其结构都不相同，从而也就不存在单一的产能利用率"合意"区间。轻工业阶段、重工业阶段、重化工业阶段对应的不同合意产能过剩空间，具体可按照低通胀、稳增长的标准来确定。但是，不论是哪个发展阶段，其合理的产能利用率都不应低于 70%。而以上数据所显示的中国的产能利用率都低于这一水平，所以，可以判断，中国存在制造业产能严重过剩的情况。

自 2004 年起中国开始抑制产能过剩。从实际执行效果看，迄今并未达到政策调控目标。2013 年 10 月国务院出台了《国务院关于化解产能严重过剩矛盾的指导意见》，产能过剩严重程度可见一斑。

三　产能过剩的原因分析

中国的经济增长依然没有摆脱粗放式增长的路径。众多研究表明，中国的 TFP 增长处于较低水平。GDP 的不断增加并不代表经济的良性发展，不一定代表人民生活水平的真正提高。现代经济的持续增长不能长期建立在高消耗的一般制造业基础之上。现在，中国 GDP 中居民消费所占的比重只有 30% 多，其他的部分主要是固定资产投资和净出口。由于中国在国际分工中所处的不利地位，出口是不可能长期高速增长的。而固定资产投资的目的是扩大产出，因而消费始终是投资的最终衡量标准。长期低迷的居民消费最终会使投资减速，进而陷入经济停滞甚至衰退。因而，中国现在的 GDP 构成比例是不能维持长期经济增长的。一个运行良好的经济体，消费占 GDP 的比重应该在 70% 左右。如果不能及时调整，中国现在的国内消费情况极有可能使得中国下一步陷入经济衰退。许多处于或曾经处于"中等收入陷阱"的国家对于我们来说都是前车之鉴。

造成中国产能过剩的因素有市场因素，但从更深层次的原因来看，造成目前产能过剩的并非是市场因素，更主要的是体制因素。

1. 中国消费结构升级是引致传统行业产能过剩的市场力量

中国目前的产能过剩，原因之一是中国正经历消费升级。2001~2012年，中国城镇居民恩格尔系数从40%左右下降至36.2%，农村居民恩格尔系数从50%左右下降至40%左右。按照联合国的划分标准，中国居民消费正处于发展型消费阶段，消费内容主要为家电、汽车、住房等大件耐用品，这带动了汽车、房地产以及中上游的重化工业的发展。随着居民恩格尔系数的继续下降，大件耐用品消费增长将减速，重化工业的下游需求也将收缩，而中国的产能和投资正是主要集中在这些行业。因此，目前这一次的产能过剩有可能演变成长期性产能过剩。

2. 家庭消费过低与政府投资过高的增长模式加剧了产能过剩的波动

多年来，中国GDP中的居民消费仅仅占中国GDP的30%多，远低于发达国家的水平，居民消费的比重低反映了中国居民掌握的资金较少，很多资金是掌握在政府手中。中国政府长期以来都掌握着较大比例的财政资金，这些资金的使用主要集中于政府消费和政府投资。政府消费往往表现为公款吃喝，浪费严重。而政府投资的效率一直低于私人投资，更不用提这里面存在大量的形象工程、政绩工程。大量的资金掌握在政府手中，虽然有利于政府通过积极的财政政策发展经济，但是，由于政府使用资金的效率较低，其投资的项目效益也低于私人投资。而在需求既定的前提下，经济增长主要取决于资本积累，资本积累的效率就直接决定了长期经济增长率。故而，政府掌握大量投资资源不利于长期经济增长。大量的公共消费与公共投资或许在短期内可以起到扩大内需的作用，但是长期内经济增长效应往往是低的，甚至是负的。

根据国家统计局数据，2012 年，固定资产投资在中国 GDP 中的比重进一步升至 46.1%，高于 2011 年；净出口在 GDP 中的比重降至 2.7%，远低于 2007 年的 8.8%。这反映出经济增长的推动力正在从对外需的依赖转向对国内投资的依赖。与此同时，居民消费的比重依然低迷，维持在 35.7% 的水平。中国政府曾努力促进居民消费的增长，2011 年居民消费确实也出现了小幅度的上升，但随着 2012 年经济增长的放缓，经济增长对信贷和投资的依赖程度又有所加强，随着投资的增加，部分行业产能过剩的问题可能会进一步加剧，实现经济再平衡仍是当前中国政府面临的重大挑战。

3. 市场化改革未到位和行政干预较多是产能过剩的体制基础

中国的经济体制改革进行了多年，已取得了较大进展，但是市场化改革并未到位，政府职能没有实现根本转变。计划经济和国有经济的思维模式依然很大程度上支配着政府的思维和行为，具体表现为，政府依然控制着很大比例的经济资源，仍然保持着支配资源的相当大权力。

现在，政府依然拥有最重要资源的所有权和支配权，这主要包括土地资源和金融资源。相对于产品市场，中国的生产要素市场改革较为缓慢，在生产要素市场，市场配置资源的基础性作用没能有效发挥。同时，一些地方通过低地价甚至零地价供地、税收减免、财政补贴、信贷扶持等方式招商引资，助长了部分企业的过度投资行为。

政府的目标与企业的目标不同，但是中国政府主导的地方经济发展模式，很可能导致企业与政府的趋同，企业有可能受到政府影响甚至与政府联手，追求规模最大化以换取更高的行政地位和地方保护，从而无限制地投资扩张产能。地方政府片面追求 GDP 的行为和政府官员的任期制度也激励政府官员具有无限扩大产能的动机。

4. 基础能源和资源价格低，生产者成本补贴高，是产能过剩行业投资过度的推手

新中国成立以来的经济政策大都是重重工业，轻轻工业。为了做到这一点，政府采取对重工业生产者进行能源价格补贴的政策，这一政策最终导致重工业生产成本低、资源浪费和污染问题严重。可以说，中国对重工业的过度倾斜政策，是中国国内产能过剩的重要原因之一。

5. 环保、健康和安全标准的缺失和执行不力，导致对产能过剩行业的投资约束弱化

环保、健康、安全标准的缺失和执行不力也是中国产能过剩的原因之一。中国地方政府在执行环保等政策方面明显动力不足。地方政府"促 GDP、保就业"的政策目标使得地方政府在执行环保等相关政策方面不作为，大量不满足相关要求的企业得以建立，这在一定程度加重了中国制造业的产能过剩。推动企业公平竞争的市场环境建设滞后。由于通过技术、标准、规范等促进产业自主发展的措施出台得少，规范市场公平竞争的规则、环境、秩序建立滞后，对已有的措施监督执行得也不到位，导致了一些达不到环保、能耗、安全等标准的企业以不公平的方式进行市场竞争，加剧了产能过剩矛盾。

6. "地方保护主义式"的区域利益竞争造成产能过剩的"集体非理性"

由于地方政府追求 GDP 的短期目标，地方政府在吸引投资、保护地方企业方面不遗余力。"斯密定理"告诉我们，地方保护主义会阻碍市场规模扩大，妨碍分工深化，进而阻碍经济增长。中国现今情况就是由地方政府导致的贸易、投资壁垒大量存在，这使得各地重复建设严重，产能过剩问题进一步加剧。尽管从地方政府来说，进行大规模投资对于他们是理智的选择，但是从全国的宏观层面来讲，却最终造成了"集体非理性"，导致了更大规模的产能过剩。

7. 金融体系与政府刺激计划使得消费资金过多转化成投资资金，特别是使产能过剩行业获得了过量资金

从金融层面来看，中国的资金使用成本低，利率未市场化，也加剧了产能过剩。中国一贯的政策都是压低利率，降低资金使用成本，让消费者为生产者埋单。这样做的长期后果一方面激励了投资和生产，导致供给过剩，另一方面是抑制了消费者的收入增长，导致需求不足。

从财政政策来看，中国调控宏观经济往往采取刺激需求特别是投资的政策。其中最为典型的就是曾经的"4 万亿"刺激计划。2008 年 11 月，中国政府颁布并逐步实施了 4 万亿元的扩张财政政策，提出了扩大内需、促进经济增长的十项措施。2009 年年 1 月 14 日至 2 月 25 日，中国政府又连续推出了汽车、钢铁、纺织、装备制造、船舶、电子信息、石化、轻工、有色金属和物流业十个产业的调整振兴规划。而这些刺激计划，主要投资于制造业，属于短期经济刺激政策，但是从最终效果来看，长期内促使了固定资产的大量投资，产生了大量的产能过剩。

从金融和财政两个方面判断，中国的政策倾向会导致投资过度，产生多余产能。

8. 收入分配差距扩大，导致产能结构过剩现象更为严重

即使按照国家统计局的数据，中国的基尼系数也处于高位。统计局数据表明，中国的基尼系数在 2003 年为 0.479、2006 年为 0.487、2008 年为 0.491、2009 年为 0.490、2012 年为 0.474，而 2009 年阿根廷基尼系数为 0.46、巴西为 0.55、俄罗斯为 0.40，2008 年墨西哥基尼系数是 0.48，2005 年印度基尼系数是 0.33。这些数据表明，中国的收入分配不平均程度相对偏高。而且，许多学者的测算表明，中国的基尼系数很可能高于国家统计局公布的数据。

收入分配对于产能过剩和经济增长的效应需要具体分析。对于中国来说，由于中国的产能过剩行业集中于传统制造业，高层级的消费需求难以满足。所以，由收入分配导致的需求结构与供给结构不相匹配，也成为产生产能过剩的原因之一。

四　产能过剩对投资和经济增长的影响

市场经济条件下，特别是在中国所处的特殊经济发展阶段，适度的产能过剩有利于发挥竞争机制的作用，然而现阶段中国部分行业的产能过剩已经超出正常的市场承受范围，将对经济增长和平稳运行造成严重的影响。

1. 产能过剩会降低投资乘数，弱化需求增加带来的复苏动能

产能过剩会弱化财政政策产生的支出效应。当前，产能过剩问题不断加重并呈逐步蔓延态势，无论是传统行业还是新兴行业，或者由于投资能力被削弱，或者由于存在较大风险，企业都缺乏投资的动力或能力。因而，在政府采取扩张财政政策情况下，投资乘数会降低，私人投资难以有效启动。

标准普尔公司 2013 年 1 月 31 日公布的一篇研究报告认为，中国等新兴经济体的投资水平相较于投资回报显得过高，一旦投资周期进入下行趋势，这些经济体可能会面临经济回调。数据表明，中国是标准普系研究的 32 个国家中唯一一个属于高风险类别的国家。虽然标准普尔的评级值得商榷，但是也说明市场对中国经济运行存在一定的警惕心理。

2. 产能过剩会导致生产者价格指数下行，削弱企业的赢利能力

产能过剩意味着市场供大于求，价格下行压力将不断加大，企业普遍经营困难，亏损面扩大，效益下滑。事实上，目前产能过剩已经在供大于求的情况下压低了价格，导致PPI连续数月同比下行。

根据货币数量论的基本结论，使用中国的货币增长率（采用M1来测算）减去实际GDP增长率，得到一个理论的通货膨胀率水平，然后与中国的PPI相比较。图2-4中的"理论通货膨胀率"曲线描述的就是使用货币增长率（采用M1来测算）减去实际GDP增长率得到的理论通货膨胀率，"PPI"曲线是使用工业生产者出厂价格指数来表示的现实的生产者物价指数。从图2-4可以看出，中国的PPI基本都处于理论通货膨胀率之下，这说明，由货币增长率超出实际GDP增长率所对应的通货膨胀，在中国并没有完全表现出来，这部分原因就是中国制造业的产能过剩所导致的价格下行。

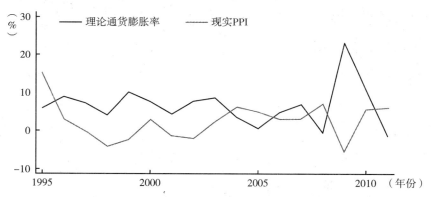

图2-4　中国理论通货膨胀率与现实的PPI走势比较

资料来源：国家统计局编《中国统计年鉴2012》。

3. 产能过剩将过度消耗资金，影响货币政策效果的正常发挥

货币政策效应是在政府实施扩张货币政策情况下，企业主

体特别是民营经济主体可以以低利率筹集资金进行投资，进而带动总需求增加所产生的宏观效应。而事实上在中国，金融资源主要集中于产能过剩的国有及国有控股企业，民营经济很难得到有力的金融支持。现实中看到的是货币增速"火热"与实体经济"冰冷"并存的情况，就部分源于产能过剩行业对新增资金的过度消耗。产能过剩行业会稀释流动性，使得货币政策乘数降低，同时使民营企业资金获取困难，货币政策经济调节功能难以充分发挥。

4. 产能过剩会形成财务风险，严重时甚至引致更大范围的金融风险

产能过剩企业会面临买方市场的巨大压力，价格竞争比正常的市场环境激烈得多，在这种情况下，企业普遍经营困难，非常可能形成财务风险，当积累到一定程度，就可能引致金融风险。

我们选取"大中型工业亏损企业数"、"国有及国有控股工业亏损企业数"、"工业亏损企业数增速"、"大中型工业亏损企业亏损总额增速"、"国有及国有控股工业亏损企业亏损总额增速"等五个指标在典型时间的数据来说明问题见表2-2。从表2-2中的数据可以看到，2005年以来，在整体上中国主要工业企业经营困难，亏损较为严重，部分原因甚至主要原因就是近年来持续投资导致的产能过剩。这种投资模式持续下去，并积累到一定程度，就可能导致许多企业资金链断裂，影响整个宏观经济的稳定。

表2-2　中国企业经营效率主要指标数据

单位：家，%

时间	大中型工业亏损企业数	国有及国有控股工业亏损企业数	工业亏损企业数增速	大中型工业亏损企业亏损总额增速	国有及国有控股工业亏损企业亏损总额增速
2005 年第 1～2 季度	6733	11705	8.38	40.87	37.37
2006 年第 1～2 季度	7759	11333	4.81	30.76	39.06
2007 年第 1～2 季度	7940	8849	0.65	-25.81	-31.65
2008 年第 1～2 季度	9076	8032	8.51	157.09	235.29
2009 年第 1～2 季度	12666	8836	25.62	32.93	3.45
2010 年第 1～2 季度	9509	7380	-17.30	-53.61	-47.50
2011 年第 1～2 季度	9667	5068	2.06	29.08	35.53
2012 年第 1～2 季度	15967	6720	27.43	97.96	91.25
2013 年第 1～2 季度	15780	7154	3.72	-19.45	-23.67

资料来源：中经网统计数据库。

5. 产能过剩表明投资驱动型增长模式已不适应阶段发展要求

以上分析表明，中国已进入经济增速放缓时期，制造业的大规模投资不适应这一阶段的经济发展要求，投资驱动型增长模式不可持续。

中国十多年来的经济增长表现为投资驱动型模式，但是过度依赖投资促进经济增长是中国这个全球第二大经济体面临的主要风险，这是学者们和研究机构的一致观点。中国经济最大问题是投资在国内生产总值中的比重过高，而消费对经济增长的贡献度过低，经济增速放缓表明中国经济增长模式已开始感受到转型压力。中国的投资占 GDP 的比重远高于亚洲其他经济体在各自快速工业化时期的水平，投资过度与压抑消费威胁中国经济长期稳定。如能调整好两者关系，实现经济增长模式从投资驱动型向消费驱动型转变，不仅有助于扭转短期经济放缓态势，并为中长期更强劲的经济增长打下坚实基础。中国目前的投资驱动型模式不具有可持续性，需实施经济增长再平衡战略，关键一点就是增加居民消费比重、降低政府投资比重。

改革开放以来，中国维持了高速经济增长，但是，随着制度变迁效应的逐渐消失，人口红利和劳动力成本优势的消减，中国已经进入增长阶段的转换时期。2008 年以来中国政府采取了大规模的经济刺激计划，但政策退出后，经济就快速进入下行通道。从这点可以看出，中国已进入经济减速运行阶段，制造业的大规模投资已不适应这一阶段的经济发展要求。具体原因如下：

第一，生产要素成本优势正在逐渐消失。改革开放以来，中国一直获益于人口红利特别是大量农村剩余劳动力的存在，通过发挥劳动力成本和原材料价格较低的相对优势，大规模低成本地生产和出售工业品，使以劳动力密集型为主导的制造业具备了强大竞争优势。但是，近年来，由于中国人口红利的逐步消失，许多新兴经济体的劳动力成本已低于中国，中国以低廉劳动力为主导的制造业优势已不再明显。

第二，中国呈现大范围的产能过剩，以制造业投资为主的增长受到极大限制。中国工业化道路所选择的产业体系仍然是以重化工业为主，特别是以传统产业为主导。这些产业在前些年国内经济与世界经济扩张期都已经积累了庞大的产能。如果在下一轮产业革命中，欧美发达国家凭借其科技优势以及高端制造优势在较短时间实现以数字化制造产业为支撑的"再工业化战略"，制造业中心将不可避免地重新转移到发达国家。如果中国不能及时转变发展方式、完成产业结构战略性调整，工业化进程将受到明显制约。这样，高端制造业有可能在发达国家兴起，而中国在这方面将彻底丧失优势。

第三，政府投资可选择的优质项目在减少。政府投资应主要集中在存在市场失灵的基础设施项目上，随着政府投资的不断积累，社会效益好的基础设施投资项目会逐渐减少。事实上，近年虽然中国在基础设施领域投入了大量资金，然而，随着建设的推进，具有良好经济社会效益的基础设施项目也逐渐减少，地方政府负债投资的能力也在逐渐减弱。

五 有效化解产能的政策建议

抑制中国企业过度投资所带来的产能过剩，首先要加快中国经济增长方式由粗放型向集约型的转变，依靠提高生产要素的质量和利用效率来实现经济增长，其次要控制政府主导下的过度投资行为，逐步实现投资主体由政府向企业的转化，使企业承担固定资产投资所带来的真实成本，实现资源的有效配置。

1. 转变投资主导的发展模式

中国已进入中等发展国家行列，按照其他已经经历过中等收入阶段的国家的发展规律，中国将进入增长阶段转换期，即经济增长要减速。实物资本边际产量递减的规律告诉我们，随着资本存量扩大，投资主导的较高增速会自然下降。根据历史经验，基本上每个国家在工业化初期总是可以相对容易地找到经济上可行的投资机会，但到较晚阶段，一般会出现投资比重过高而导致投资效率下降的失衡现象。所以，随着一个经济体逐渐成熟，提高新增投资在存量资产中的比例难度会日益增加，经济增速也必然会从高速逐步转换为中低速。

消费是投资的最终乃至唯一目的。中国经济增长模式的重投资、轻消费的状况将制约中国未来的经济增长，居民收入占GDP中比重长期偏低，势必会抑制国内消费需求，政府投资主导式的经济发展方式就会带来投资过度和需求不足，从而导致产能过剩。另外，政府投资主导式的经济增长方式还会导致投资效率低下，从而导致粗放式的产能增长。因而，逐步提高国民可支配收入，促进市场主体理性投资和消费，这种经济增长模式才可以持久。

2. 加快推进政府职能转变

加快推进政府职能的转变对于有效化解产能过剩具有至关重要的作用。政府应当尽早完成由"经济建设"型政府向"公共服务"型政府的转变。近年来，由于金融危机等因素的影响，政府干预经济的力度过大，再加上中国国有企业在各领域的势力蔓延，都有可能阻碍中国政府职能的顺利转变。政府职能转变的关键在于，政府除发挥纠正市场失灵的作用外，坚决在投资等微观经济活动领域退出，让企业以利润最大化为目标，自主决策和经营，做到这一点在很大程度上可以减少过剩产能的积累，实现产业升级。

3. 减少地方政府对经济的干预

中国式的分权治理模式强化了地方粗放式的财政扩张行为，导致地方政府有干预地方经济的强烈动机。这一动机表现为两个方面：一是片面地追求GDP，增加产能；二是实行地方保护主义的经济政策，设置地方行业进入壁垒。前者会直接带来过量供给，后者会损害市场竞争和带来严重的重复建设，导致产能堆积。减少地方政府对经济的干预应该从财政分权制度着手，在纠正和调整地方政府行为上，充分考虑不同地区既定的市场经济制度环境和经济发展水平，避免分权制度给地方政府带来过大的压力，敦促其减少对本地企业的保护，破除地方市场进入壁垒。

4. 通过加强监管促使外在成本内部化

中国环保、安全、健康等方面政策的不完善和执行不力是产能过剩的一大原因，在很大程度上归因于地方政府对GDP的追求。通过推动深化投资和财税等重点领域改革，规范市场秩序，完善市场机制，建立化解产能过剩矛盾长效机制，使外在成本内部化，才可能有效化解产能过剩。特别是要针对高污染的企业征收环境保护税。产能过剩的行业大多是高污染行业，地方政府往往牺牲居民的生存环境来鼓励这些企业投资，使得企业投资所承担的私人成本远远小于社会成本，进而带来过度投资。因此，应逐步提高环境排放标准，建立污染物排放治理机制，针对高污染的产能过剩行业征收环境保护税，减少企业生产的外部负效应，使其承担污染环境的经济责任，合理化其投资成本，进而规范其投资行为。

5. 健全生产要素市场体系，强化市场配置资源功能

中国长期对于生产要素实行价格控制，使得生产企业往往可以低于市场均衡价格的水平获得较大成本优势，私人成本与社会成本出现偏离，导致供给过度。土地、水、电等生产要素的定价机制不合理，不同程度上增加了政府对企业投资的补贴，扭曲了企业的投资行为。因此，应完善土地、水电等生产要素的价格形成机制，以反映资源的稀缺程度；加快生产要素价格市场化。土地作为一种重要的生产要素，是地方政府用来招商引资的有力手段，因此，应加快土地制度改革，明晰土地产权，建立规范的基准地价制度；深化水电等生产要素价格改革，形成以经济手段为主的节水节电机制；理顺煤、电、油、气、水、矿等资源产品价格关系，完善电力峰谷分时电价，按程序加大差别电价、惩罚性电价实施力度；推进税收机制改革，除了将原油、天然气和煤炭资源税由从量征收改为从价征收并适当提高税负水平外，还应制定机动车燃油消耗量限值标准。

6. 促进金融与财政体系的转型

第一，形成市场化金融资源配置机制。由于大多数金融机构具有国有背景，使得地方政府往往可以与金融机构之间保持某种微妙的关系。对于想扶持的国有企业，地方政府会利用行政手段为企业获得资金支持，因而，国有企业往往形成过度信贷倾向，形成过度投资，导致产能过剩。因而，必须用市场的手段来优化信贷投向，形成市场化的金融资源配置机制，利用金融杠杆来规范企业的固定资产投资行为，控制对高污染、高

耗能等投资明显过热领域企业的过多贷款。

第二，切实解决民营企业融资难问题，为民营企业技术升级提供支撑。民营经济在国民经济中正发挥越来越重要的作用。民营企业的投资增长与技术升级将有利于中国产能过剩的有效消解。但是，改革的不到位和国有企业的强势使得在经济快速增长的中国，民营企业得不到公平待遇，民营企业融资难就是重要表现之一。金融机构对于民营企业的惜贷现象源于金融机构的国有化和垄断性质。如果金融机构的垄断局面得不到改善，投融资体制得不到根本性的改革，阻碍中小制造业企业发展的金融环境就不会有实质性的变化。

第三，深化投资体制改革。由于目前很多投资依然是政府投资或政府主导，所以必须规范地方政府的投资行为，严格遵循"谁投资、谁决策、谁受益、谁承担风险"的原则，对过度投资带来的损失实行问责制。不过，长期还是要提高私人投资在总投资中的比例，政府要逐步从竞争性、非市场失灵的投资领域退出，政府主要发挥引导和监督作用，使得投资者能够拥有独立完整的投资决策权，充分发挥市场的竞争机制作用。

7. 创新机制，促进制造业转型升级

当前，制造业已经朝着数字化、智能化、高技术化方向发展。中国制造业企业要清晰地认识到全球制造业正在发生的新变化，并加以积极应对。当前，之所以出现全球性的经济衰退，是因为传统的生产方式已经严重阻碍了新的生产力的发展。但是，新技术和新产业最终将迎来发展机遇，并在传统制造业的转型和结构调整中扮演十分重要的角色，所以要创新机

制鼓励制造业转型升级。

第一，鼓励企业不断增加研发投入，通过增加产品技术含量来提高产品的附加值。要深化技术产品应用，提升新兴产业的国际竞争力；要继续抓好工业结构调整，促进经济的转型升级；要加大技术改造投入力度，继续严格控制"两高"和产能过剩行业扩张，利用"倒逼"机制加快淘汰落后产能；要继续支持大型骨干企业跨区域、跨所有制兼并重组，提高产业集中度和竞争力；要加强对战略性新兴产业发展的引导、扶持和管理，促进新一代信息网络技术、新能源、新材料等新兴产业的技术研发和终端应用，提升战略性新兴产业的国际竞争力。

第二，制定和推进新一轮技术创新战略，促进"两化"深度融合。为迎接新一轮技术创新和工业革命的机遇和挑战，为防止中国工业国际竞争力持续下降，应加快制定和推进新一轮技术创新战略。要加快新一代信息网络为代表的信息社会基础设施的建设，推进"宽带中国"计划；要推广信息技术在企业全产品链中的应用，促进信息技术和工业技术的高度融合发展；要推动应用电子产品的开发和产业化，提升企业核心竞争力，促进产业结构合理化。

第三，建立有利于企业技术创新的相关制度。德勤会计师事务所在《2013 制造业竞争力指数》报告中指出，知识产权保护政策以及支持技术采用、整合与转移的政策，最有利于提升企业的竞争优势。同时，与之相匹配的经济、贸易、金融与税务体系，已经从位列第四的驱动因素跃居为第二重要的驱动因素，即已经取代劳动力与原料成本、供应商网络、基础建设、能源成本等因素，成为国家竞争力中更重要的驱动因素。

8. 调节收入分配结构，化解产能过剩

中国存在严重的收入分配不均等现象，而中国的产品供给结构与高收入阶层的需求结构不匹配，促进收入分配的适度均等化，调低高收入者收入，调高低收入者收入，可以在一定程度上有利于化解产能过剩。

六　结语

化解中国的产能过剩问题，一定要考虑到中国所处的发展阶段，中国与发达国家一个很大的不同点在于，中国是发展中国家，在发展过程中，长期来说还需要大量的投资和生产，中国城镇化的进程需要大量的制造业支撑。这表现在：一方面在城镇消费升级的背景下要实现制造业的相应升级，会消化一部分过剩产能；另一方面，占30%左右的农村居民消费在未来一段时间仍处于发展型消费阶段，通过推动农村居民的城镇化，以及规范农村消费市场，释放其汽车、住房、家电等传统需求，也可以缓解传统行业的产能过剩。

中国实现经济增长重心从投资向消费转移还需要一定时间。制造业的转型升级是一个长期的过程，在这个过程中，新兴技术和新兴产业将始终发挥主导作用，成为传统产业转型升级的重要引擎。当今技术发展的重要趋势是高技术与新技术、新工艺、新材料的融合与协同创新，我们一定要把握技术进步与创新的方向，通过建立多项技术协同创新的新机制，提升制造业的整体发展水平与质量，并为制造业的未来发展规划出新的技术路径与运营模式。

投资消费再平衡是个长期过程，中国经济再平衡需要做到两点：一是放开市场的行政化管制，逐步提升汇率、利率和工资，消除当前政策对市场价格的扭曲；二是营造一个更有效率的市场环境，实施"国退民进"策略，逐步稀释银行业和其他产权过于集中的国有企业的股权，建立民营部门投资的长期激励机制，释放私营部门被压抑的投资潜力。

未来一段时间，中国应实施经济增长再平衡战略，核心政策是提高家庭收入占 GDP 比重并降低政府收入比重，提高私人投资在整个投资中的比重。

参考文献

郭庆旺、贾俊雪：《中国潜在产出与产出缺口的估算》，《经济研究》2004 年第 5 期。

韩国高、高铁梅等：《中国制造业产能过剩的测度、波动及成因研究》，《经济研究》2011 年第 12 期。

沈利生：《我国潜在经济增长率变动趋势估计》，《数量经济技术经济研究》1999 年第 12 期。

王维国、袁捷敏：《我国产能利用率的估算模型及其应用》，《统计与决策》2012 年第 20 期。

张军、章元：《对中国资本存量 K 的再估计》，《经济研究》2003 年第 7 期。

第三章
经济结构失衡动态监测与
政策评价

一 引言

为了对不断加剧的中国经济结构失衡问题进行深入研究，2012 年构建了一套较为完整的中国经济结构指标体系，并对 1991～2011 年中国经济结构状况进行了测量。结果发现，近五年来中国的经济结构不断恶化，总体处于次级不均衡状态，其中二级指标之一投资消费结构已连续 6 年进入失衡预警状态，2011 年失衡指数高达 0.96，进入完全失衡边缘。基于"中国经济结构失衡问题严重"的国情，结合苏联东欧国家剧变和欧债危机的反思，以及对宏观经济理论的追踪，报告中对经济结构失衡背后的原因进行了探讨，认为充满诱惑的理性设计思想、难以割舍的需求管理情结和剪不断的政企利益"合谋"是其主要根源。为了解决计划是否能避免资源浪费，减轻"被误读的凯恩斯理论"的影响，避免类似欧元区"蒙代尔悲剧"的发生，报告提出了以"让经济结构转变远离计划体制航线"为核心的政策建议。

2012 年以来，伴随经济增长速度的下滑和党政换届的冲击效应，中国经济结构开始了实质性转换。按照 2011 年结构指标体系和新的优化的指标体系对 2012 年进行测算，结果表明，中国经济结构出现了大的转变，已经从次级不均衡状态转换为次级均衡状态。对于这一令人鼓舞的转变，尤其是 2009年"4 万亿"投资和过度宽松货币政策带来的中国经济结构严重扭曲的转变，评价为中国经济结构转变的"软着陆"为时尚早，因为无论是中央还是地方的党政换届，都有打破原来体系，重建新体系的意愿，而要实现中国经济结构持续转变和分享经济结构转变的红利，需要长时间不懈努力，面对经济增速的下降决不动摇的决心。

二　2011 年经济结构失衡指标体系构建

经济结构指标体系的构建是经济失衡程度测算的核心和基础环节。根据国内外指标体系建设相关理论和经验，构建了 3个层次、5 个二级指标和 14 个三级指标的经济结构失衡指标体系。

1. 2011 年经济结构失衡指标的选择

依据社会再生产理论，2011 年将经济结构分解为投资消费结构、产业结构、收入分配结构、金融结构和国际收支结构 5 个二级指标。在三级指标选择上，依据"既无重叠，也无空白"的原则，在众多的备选指标中，选择投资率和消费率作为投资消费结构度量指标，选择第三产业增加值占 GDP 比重、单位 GDP 能耗①和能源消费弹性系数作为产业结构的度量指标，选择货币供给增长率、居民消费价格指数（CPI）、工业品出厂价格指数（PPI）作为金融结构的度量指标，选择城乡居民人均收入比、各省之间的差距比、居民之间的差距系数作为收入分配结构的度量指标，选择经常项目差额占 GDP 比重、外汇储备余额占 M2 比重、负债率作为国际收支结构的度量指标。在收入分配结构中，由于缺乏区域之间和居民之间差距的一致性数据来源，在《中国统计年鉴》基础上，构建了区域库兹涅茨比率②和基尼系数③两个指标。

表 3－1 为 2011 年构建的中国经济结构指标体系整体框架。

---

① 计算单位 GDP 能耗时，需要使用不变价格 GDP，而《中国统计年鉴》中只有以 5 年为单位的不变价格 GDP，需要将历年 GDP 折算成基年价格。

② 库兹涅茨比率是指一个以数值反映总体收入不平等状况的指标，其计算方法为各个阶层的收入比重与人口比重的差额的绝对值加总，本章计算收入比重选择了各省（区、直辖市）的 GDP。

③ 基尼系数是国际上用来综合考察居民内部收入分配差异状况的一个重要分析指标。本章以《中国统计年鉴》公布的城乡分组数据为基础，首先对城镇居民和农村居民的基尼系数进行计算，然后采取修正城乡加权法对城镇居民和农村居民的基尼系数进行合成。

表3-1　2011年经济结构指标体系整体框架

二级指标名称	三级指标名称	权重（%）	上限值	下限值	适中值	指标属性
投资消费结构	消费率	50	70	50		正向指标
	投资率	50	50	10	30	适中指标
产业结构	第三产业增加值占 GDP 比重	50	50	30		正向指标
	单位 GDP 能耗	25	5.0	0.5		逆向指标
	能源消费弹性系数	25	1.5	0.0		逆向指标
金融结构	货币供给增长率	50	25	11	18	适中指标
	居民消费价格指数（CPI）	30	6	-2	2	适中指标
	工业品出厂价格指数（PPI）	20	8	-2	3	适中指标
收入分配结构	城乡居民人均收入比	30	4.0	1.0		逆向指标
	区域库兹涅茨比率	30	0.6	0.0		逆向指标
	基尼系数	40	0.6	0.0		逆向指标
国际收支结构	经常项目差额占 GDP 比重	40	5	-5	0.0	适中指标
	外汇储备余额占 M2 比例	40	30	0	15	适中指标
	负债率	20	20	5		逆向指标

注：表中城乡居民人均收入比、区域库兹涅茨比率和基尼系数上限值、下限值和适中值为实际数字，其他 11 个指标的上限值、下限值和适中值为百分数。

2. 指标临界值和权重的确定

如表3-1所示，14个三级指标按照属性分成三类，分别是正向指标、逆向指标和适中指标，并给出每一个指标的上、下限值，也给出适中指标的适中值。[①] 对于正向指标，实际值越大越好，其上限值为达到均衡状态的临近值，下限值为完全

---

① 联合国人类发展指数使用的术语是最大值和最小值。

失衡的临近值。对于逆向指标，实际值越小越好，其上限值为完全失衡的临近值，下限值为达到均衡状态的临近值。对于适中指标，适中值是达到均衡值，上限值和下限值都是完全失衡的临界值，为了计算方便，上限值、下限值与适中值之间保持对称关系。

指标权重的确定是一个重要环节，考虑主成分分析法、功效评分法等客观赋权法存在的问题和经济指标测度很难做到非常准确，对指标的权重采取主观赋权法。对于能够确定重要程度的三级指标，按照重要程度给予不同的权重，而对于很难确定重要程度的二级指标，参照联合国人类发展指数的方法，直接给予相同的权重。

3. 数据的处理和合成

由于基础数据之间在计量单位等方面存在着较大的差异，无法进行直接的计算和比较，因此，需要对基础数据进行处理，将它转换为无计量单位的数据，即无量纲数据。借鉴联合国人类发展指数处理方法，将所有的基础数据都转换为［0，1］区间的可比较的无量纲数据，这里的"0"代表完全均衡，"1"代表完全失衡。例如，一个正向指标的上限值为10，下限值为0，当该指标的实际值为5时，它的无量纲转换数据为0.5。①

---

① 为了便于对数据转换的理解，这里给出非数学语言表述的计算公式。正向指标的计算公式为：（上限值－实际值）／（上限值－下限值），当实际值大于上限值时取0，小于下限值时取1；逆向指标的计算公式为：（实际值－下限值）／（上限值－下限值），当实际值小于下限值时取0，大于上限值时取1；适中指标的计算公式为：（实际值－适中值）／（适中值－下限值），当实际值等于适中值时取0，大于上限值或小于下限值时取1，如果实际值小于适中值，计算结果为负数，取绝对值。

在完成指标选择、权重确定和数据无量纲处理后，接下来的任务就是进行数据合成，形成可评价的测度值。本章对于二级指标的合成采取加权平均法，对于最终经济结构失衡测度值的确定采取算术平均法。

4. 指标的预警

在完成数据的合成之后，得到最终经济结构失衡指数，以及二级指标和三级指标的失衡指数，由于各级指标经济含义清楚，我们可以由此建立一个"多层次预警体系"，通过预警为宏观调控者提供决策参考。

按照通用法则，我们将处于 ［0，1］ 的测度值分为四个区间，［0，0.25］ 区间定义为均衡区间，（0.25，0.5］ 区间定义为次级均衡区间，（0.5，0.75］ 区间定义为次级不均衡区间，（0.75，1］ 区间定义为不均衡区间。如果某一指标值落在了均衡区间和次级均衡区间，政策调控者不需要给予过多的关注；如果某一指标值落在了次级不均衡区间，意味着该指标代表的经济变量处在不稳定的非均衡状态，政策调控者需要给予一定的关注；而一旦某一指标值落在了不均衡区间，该指标将出现预警提示，意味着该指标代表的经济变量处在非均衡状态，政策调控者必须给予重点的关注。

三　2012 年经济结构指标调整和数据处理

在对 2012 年经济结构失衡程度测量之前，首先对 2011 年经济结构指标进行重新审查，构建了新的指标体系，然后在新指标体系下，对 1991~2012 年数据进行了补充或重新采集、无量纲处理和数据的合成处理。

1. 2012 年经济结构指标调整

经过对 2011 年经济结构指标的梳理和分析，最终用 R&D 占 GDP 的比例代替了能源消费弹性系数[①]，用 M2 增长率/GDP 增长率代替了货币供给增长率[②]。调整后的经济结构指标体系整体框架如表 3-2 所示。

表 3-2　2012 年经济结构指标体系整体框架

二级指标名称	三级指标名称	权重(%)	上限值	下限值	适中值	指标属性
投资消费结构	消费率	50	70	50		正向指标
	投资率	50	50	10	30	适中指标
产业结构	第三产业增加值占 GDP 比重	50	50	30		正向指标
	单位 GDP 能耗	25	5.0	0.5		逆向指标
	R&D 占 GDP 的比例	25	2.0	0.0		正向指标
金融结构	M2 增长率/GDP 增长率	50	2.3	1.3	1.8	适中指标
	居民消费价格指数 (CPI)	30	6	-2	2	适中指标
	工业品出厂价格指数 (PPI)	20	8	-2	3	适中指标
收入分配结构	城乡居民人均收入比	30	4.0	1.0		逆向指标
	区域库兹涅茨比率	30	0.6	0.0		逆向指标
	基尼系数	40	0.6	0.0		逆向指标

[①] 科技与创新是经济持续发展的基础，引入 R&D 占 GDP 的比例来衡量产业结构的可持续性。

[②] 对于我国的高货币供给问题，许多学者（如汪洋，2007）做了研究，但是要找出货币供给增长率、M2/GDP 等备选指标的可信区间依然很难，本章采取了刘迎秋（2009）的研究成果，用 M2 增长率/GDP 增长率代替货币供给增长率作为金融结构主要的度量指标。

续表

二级指标 名称	三级指标名称	权重 （%）	上限值	下限值	适中值	指标属性
国际收支 结构	经常项目差额占 GDP 比重	40	5	-5	0.0	适中指标
	外汇储备余额占 M2 比例	40	30	0	15	适中指标
	负债率	20	20	5		逆向指标

注：表中城乡居民人均收入比、区域库兹涅茨比率和基尼系数上限值、下限值和适中值为实际数字，其他 11 个指标的上限值、下限值和适中值为百分数。

2. 中国经济结构指标基础数据

表 3 - 3 为中国经济结构指标的基础数据，其原始数据全部来源于历年《中国统计年鉴》。

表 3 - 3 中国经济结构指标基础数据

年份	投资消费结构		产业结构			金融结构		
	消费率 （%）	投资率 （%）	第三产业 增加值占 GDP 比重 （%）	单位 GDP 能耗（吨标 准煤/ 万元）	R&D 占 GDP 的 比例	M2 增长 率/GDP 增长率	通货 膨胀率 （%）	工业品 出厂价格 指数（%）
1991	62.4	34.8	33.7	5.12	0.72	2.89	3.4	6.2
1992	62.4	36.6	34.8	4.72	0.70	2.20	6.4	6.8
1993	59.3	42.6	33.7	4.40	0.62	0.00	14.7	24.0
1994	58.2	40.5	33.6	4.12	0.50	2.64	24.1	19.5
1995	58.1	40.3	32.9	3.97	0.60	2.70	17.1	14.9
1996	59.2	38.8	32.8	3.72	0.60	2.52	8.3	2.9
1997	59.0	36.7	34.2	3.42	0.64	1.86	2.8	-0.3
1998	59.6	36.2	36.2	3.18	0.69	1.89	-0.8	-4.1
1999	61.1	36.2	37.8	3.05	0.83	1.93	-1.4	-2.6
2000	62.3	35.3	39.0	2.91	1.00	1.46	0.4	2.8
2001	61.4	36.5	40.5	2.78	1.07	1.74	7.0	-1.3

续表

年份	投资消费结构		产业结构			金融结构		
	消费率（%）	投资率（%）	第三产业增加值占GDP比重（%）	单位GDP能耗（吨标准煤/万元）	R&D占GDP的比例	M2增长率/GDP增长率	通货膨胀率（%）	工业品出厂价格指数(%)
2002	59.6	37.8	41.5	2.70	1.23	1.85	-0.8	-2.2
2003	56.9	41.0	41.2	2.83	1.13	1.95	1.2	2.3
2004	54.4	43.0	40.4	2.98	1.23	1.45	3.9	6.1
2005	53.0	41.5	40.5	2.96	1.34	1.55	1.8	4.9
2006	50.8	41.7	40.9	2.88	1.42	1.34	1.5	3.0
2007	49.6	41.6	41.9	2.74	1.49	1.18	4.8	3.1
2008	48.6	43.8	41.8	2.59	1.47	1.85	5.9	6.9
2009	48.5	47.2	43.4	2.50	1.70	3.00	-0.7	-5.4
2010	48.2	48.1	43.2	2.40	1.76	1.89	3.3	5.5
2011	49.1	48.3	43.4	2.22	1.84	1.46	5.4	6.0
2012	49.5	47.8	44.6	2.07	1.98	1.81	2.6	-1.7

年份	收入分配结构			国际收支结构		
	城乡居民人均收入比	区域库兹涅茨比率	基尼系数	经常项目差额占GDP比重（%）	外汇储备占M2比重（%）	负债率（%）
1991	2.4	0.3322	0.3531	3.14	5.97	14.9
1992	2.6	0.3488	0.3818	1.28	4.22	14.4
1993	2.8	0.3780	0.4012	-1.86	3.50	13.6
1994	2.9	0.3894	0.4007	1.32	9.48	16.6
1995	2.7	0.3795	0.3866	0.21	10.12	14.6
1996	2.5	0.4094	0.3749	0.81	11.48	13.6
1997	2.5	0.3762	0.3701	3.76	12.74	13.7
1998	2.5	0.3835	0.3741	3.01	11.48	14.3
1999	2.6	0.3936	0.3871	1.92	10.68	14.0
2000	2.8	0.3825	0.4041	1.72	10.18	12.2
2001	2.9	0.3852	0.4002	1.32	11.09	15.3
2002	3.1	0.3914	0.4308	2.43	12.81	13.9

续表

年份	收入分配结构			国际收支结构		
	城乡居民人均收入比	区域库兹涅茨比率	基尼系数	经常项目差额占GDP比重(%)	外汇储备占M2比重(%)	负债率(%)
2003	3.2	0.4215	0.4472	2.61	15.09	13.4
2004	3.2	0.4126	0.4452	3.54	19.87	13.6
2005	3.2	0.4093	0.4480	5.79	22.45	13.1
2006	3.3	0.4204	0.4489	8.30	24.60	12.5
2007	3.3	0.3987	0.4478	10.07	28.80	11.1
2008	3.3	0.3843	0.4498	9.24	28.44	8.6
2009	3.3	0.3794	0.4486	4.77	27.03	8.6
2010	3.2	0.3555	0.4376	4.00	26.56	9.3
2011	3.1	0.3342	0.4308	2.80	24.13	9.5
2012	3.1	0.3218	0.4222	2.30	21.46	9.0

注：1993年因统计口径不统一，《中国统计年鉴1994》中未给出货币供给增长率数据。

资料来源：国家统计局编《中国统计年鉴》（1991~2013年）。

四　2012年经济结构失衡程度测量结果

在完成了中国经济结构指标体系构建和基础数据采集后，按照无量纲转换和数据合成方法对基础数据进行处理，形成了中国经济结构失衡程度的测算结果。本部分以2012年为重点对测算结果进行介绍，并对结果给予分析。

1. 中国经济结构失衡程度测算结果

利用表3-3的数据和表3-2的权重系数，可以计算出中国经济结构失衡指数。表 3 - 4 给出了中国经济结构失衡指数测量的结果，其中，2012 年的经济结构指数从 2011 年的 0.6304 下降到 0.4889，中国的经济结构转型步入快车道。

表 3 - 4　中国经济结构失衡指数测量结果

年份	投资消费结构	产业结构	金融结构	收入分配结构	国际收支结构	中国经济结构
1991	0.31	0.87	0.73	0.54	0.62	0.6159
1992	0.36	0.83	0.85	0.59	0.51	0.6275
1993	0.58	0.85	1.00	0.64	0.57	0.7285
1994	0.56	0.86	1.00	0.65	0.41	0.6950
1995	0.56	0.85	1.00	0.62	0.28	0.6608
1996	0.49	0.84	0.80	0.61	0.27	0.6031
1997	0.44	0.80	0.25	0.58	0.48	0.5113
1998	0.42	0.71	0.50	0.59	0.46	0.5364
1999	0.38	0.64	0.59	0.62	0.39	0.5234
2000	0.33	0.57	0.47	0.64	0.36	0.4747
2001	0.38	0.52	0.53	0.65	0.35	0.4858
2002	0.46	0.46	0.46	0.69	0.37	0.4885
2003	0.60	0.49	0.24	0.73	0.32	0.4783
2004	0.71	0.51	0.61	0.72	0.53	0.6169
2005	0.71	0.40	0.34	0.73	0.71	0.5768
2006	0.77	0.46	0.50	0.74	0.76	0.6445
2007	0.79	0.41	0.71	0.73	0.85	0.6995
2008	0.84	0.41	0.50	0.72	0.81	0.6564
2009	0.93	0.33	0.90	0.72	0.75	0.7258
2010	0.95	0.31	0.29	0.69	0.69	0.5861
2011	0.96	0.29	0.71	0.67	0.53	0.6304
2012	0.95	0.23	0.21	0.65	0.41	0.4889

2. 中国经济结构失衡程度测算结果的分析

根据表 3 - 4 可得到 1991 ~ 2012 年中国经济失衡指数图和中国经济失衡指数的变动图，分别如图 3 - 1 和图 3 - 2 所示。

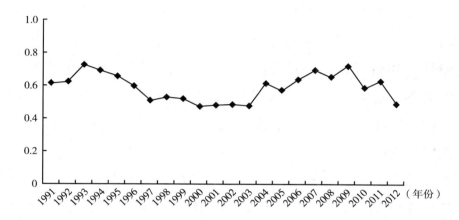

图 3 - 1 中国经济结构失衡指数

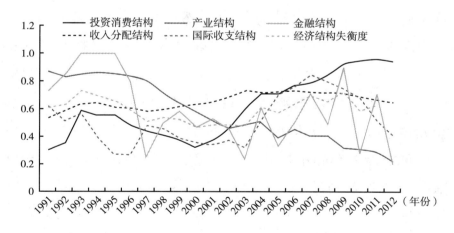

图 3 - 2 中国经济结构失衡指数变动情况

从表 3 - 4 可以看出，中国经济结构失衡指数从 1991 年的 0.6159 下降到 2000 年的 0.4747，然后提高到 2011 年 0.6304，总体处于次级不均衡状态。投资消费结构最为严重，出现过七次预警提示，金融结构失衡次之，出现过六次预警提示，国际收支结构失衡也非常严重，出现过三次预警提示，收入分配结构失衡指数虽然未出现预警提示，但是所有年份都处于次级不均衡状态，非常值得关注。相比而言，产业结构指数仅在1991年出现过一次预警提示，失衡指数从2006年以来进入下降通道，连续七年处于次级均衡状态。值得欣慰的是，2012年中国的经济结构指数已下降至0.4889，从次级不均衡走向次级均衡状态。

从图3-2可以看出，中国经济结构失衡指数从1991年开始逐渐上升，到1993年达到波峰，出现了经济过热和严重的通货膨胀。这是货币供给增长率增长过快、金融结构严重失衡，导致"流动过剩"的必然结果。1993年下半年，中国政府开始采取紧缩的财政政策和货币政策来抑制需求膨胀，加上1997年爆发的金融危机对"流动性过剩"的消化，中国经济结构失衡指数逐渐从次级不均衡状态转变为2000年前后的次级均衡状态。总体看，1991～2000年，除了严重失衡的金融结构外，投资消费结构和国际收支结构基本处于次级均衡状态，产业结构失衡指数逐渐下降，2000年也进入了次级均衡状态，只有收入分配结构失衡指数一直处于次级不均衡状态。2000～2009年，由于推行投资拉动战略等，消费率从62.3%快速下降到48.2%，而投资率从35.3%上升到47.2%，投资消费结构开始出现严重失衡，同时，由于长期推行出口导向型经济战略，国际收支结构也连续出现了预警提示，金融结构失衡状况在经历了几年平稳之后，2009 年又一次为应对金融危机而进入预警提示状态，收入分配结构不仅没有好转，到 2009 年反而接近预警提示水平，于是，2009 年中国经济结构失衡指数达到了最高点。2010～2011 年，虽然经济结构失衡指数有所下降，但是，依然处于次级不均衡状态，2011 年投资消费结构失衡指数高达 0.96，进入完全失衡的边缘。2012 年，GDP 增长率下滑的同时，M2 增长率大幅度降低和居民消费价格指数得到有效控制，金融结构失衡指数出现大幅度下降；国际环境的改变导致的出口放慢等，使得国际收支结构有了较大的改变；收入分配结构也由于实体经济的下滑、政府的调控，以及统计上的困难（虚拟经济不好统计），有了一定的下降；投资消费结构也由于政府未推出过度刺激政策没有继续恶化。

从中国经济结构失衡指数变化中也可看出，中国长期推行的政府主导型需求管理政策在保持经济快速增长的同时，不断加剧经济结构失衡，而以高房价为代表的高生活成本不仅没有使大众分享到经济增长的成果，反而使很多人生活满意度降低[①]，不得不对中国经济结构失衡背后的原因进行反思。2012 年以来，没有为经济增长而采取过度刺激经济政策，推动了中国的经济结构大幅度转变，取得了可喜的成果。

---

① 参见中国经济实验研究院城市生活质量研究中心 2011 年和 2012 年对中国主要城市的调查结果。

五 2013年经济结构调整的主要特点与政策评价

1. 结构调整的主要特点

国家统计局公布的主要经济数据显示，2013 年前三季度，中国国内生产总值较上年同期实际增长 7.7%，居民消费价格指数同比上涨 2.5%，总体运行比较平稳。经济结构调整也继续取得了一定的成效，这突出地表现在两个方面：一是三次产业结构进一步优化。2013 年前三季度三次产业结构比例由 2012 年的 10.1：45.3：44.6 调整为 9.2：45.3：45.5，第三产业比重上升明显，并且超过了第二产业。二是需求结构转换比较明显。2013 年前三季度，外需较内需增速明显放缓，其中，出口贸易额增长 8.0%，继续维持在 10.0% 的增速以下，全国固定资产投资则增长 20.2%，全社会消费品零售总额也增长 12.9%，外需对中国经济增长的带动作用已经明显减弱，内需相对外需对经济增长的贡献度显著提升。

2013 年前三季度的经济结构调整并没有完全延续 2012 年的良好态势，而是在某些方面再度出现了反复。一是投资消费结构调整遇到阻力。2012 年最终消费对经济增长的贡献率比资本形成高 1.4 个百分点，尽管差额较上年有所缩小，却基本维持了 2011 年以来最终消费贡献率高于资本形成贡献率的态势。2013 年前三季度，最终消费支出对 GDP 增长的贡献率是 45.9%，资本形成总额的贡献率是 55.8%，货物和服务净出口对 GDP 增长的贡献率是 -1.7%，最终消费对经济增长率的贡献再度低于资本形成总额。二是轻重工业结构再次出现了不平衡。2012 年重工业和轻工业增加值增速分别为 9.9% 和 10.1%，扭转了多年来重工业增加值增速一直高于轻工业的局面，过度重工业化倾向初步得到纠正。但是，2013 年前三季度，重工业和轻工业增加值增速分别为 10.3% 和 6.7%，重工业增加值增速再度明显高于轻工业，过度重工业化倾向又有所强化。

2. 结构调整存在的问题

2013 年中国经济结构的这种变化，表明 2012 年中国经济结构调整的成效并不稳固，中国在推进结构调整方面还面临一系列问题和矛盾：

第一，结构调整带有一定的周期性。2012 年需求结构的调整仍然带有很强的周期性，在经济走向复苏时或者政府干预加强时，经济对外需或投资的依赖度仍然有可能反弹，故而目前的结构调整具有一定的不稳定性。

第二，结构调整带有很强的被动性。正常的结构调整应该是为适应产业结构和要素供给的长期趋势性变化而主动有序进行的，但是 2012 年的结构调整却主要是为适应短期内剧烈的需求变化而进行的，从而显得比较被动，加剧了企业经营困难，扰乱了企业对未来的生产和投资预期。这在 2013 年前三季度得到了验证。

第三，产能结构过剩仍然严重，部分企业经营困难状况没有根本改变。中国铅冶炼、焦炭、电解铝、水泥、钢铁和船舶等行业仍然存在较严重的过剩产能，不仅导致许多企业难以摆脱经营困境，降低产品技术升级能力，也加大了经济波动的风险。

第四，消费需求在短期内难以有明显增长。消费需求的持续增长对于降低中国对外需和投资的依赖度，实行产业和需求结构转换具有决定性意义。但是，消费需求由于受收入分配不均、房价高企和不稳定预期等多种因素的影响，仍然难以实现明显的增长，在这种情形下，结构调整将不得不以牺牲经济增长率为代价来完成。

结构调整中存在的这些问题和矛盾，都是新一届政府进行经济调控和推进结构调整时需要面对的严峻考验。

3. 结构调整的政策评价

总体来说，2013 年在结构调整方面，政府采取了很多措施，特别是在推进市场化进程、治理产能过剩、提升消费需求、协调资本和劳动分配关系方面都取得了一定的成效。7 月份工信部公布了促进信息消费的四项举措；10 月份国务院印发了《关于化解产能严重过剩矛盾的指导意见》；前三季度共有 24 个地区调整了最低工资标准，平均调增幅度为 18%；截至 10 月底，中央政府共取消或下放了 334 项行政审批等事项。这些措施已经开始发挥积极的作用，而且在未来也会持续发挥应有的积极效应。尽管这些政策措施在力度等方面还不足以立即有效矫正中国经济结构的失衡状况，但是政府调整结构的方向是明确的，决心也是坚定的。

不过，当前政府推进结构调整所需要的相应体制机制改革，仍显得比较滞后，将会对尽快推进结构调整产生不利的影响。在投资方面，地方政府的投资冲动、国有企业的规模扩张偏好，对有效治理产能过剩起着阻碍作用。行政审批项目下放也会推高地方投资欲望。同时，尽管大量行政审批项目被取消，但是有些行政审批项目和行政事业性收费是必须存在的，而行政部门的自由裁量权缺乏有效约束、腐败寻租现象大量存在等问题，依然会通过行政审批和收费等行为对市场有效运行产生较大的干扰。社会保障体制不完善、收入分配差距较大等问题难以在短期内得到解决，也会抑制消费需求的根本性提升。总之，中国经济结构失衡，有些是发展过程中必经的，有些是战略政策调整较为滞后导致的，有些则是体制不完善带来的，因此，当前既要对有关战略政策进行根本调整，又要对体制机制进行深化改革，只有这样才能有效推进结构调整，消除或减轻结构失衡，使中国重新步入到协调、可持续发展的道路上来。

六 结论和建议

2012 年，中国经济结构转向了次级均衡状态，2013 年中国经济结构总体规划也在向好的方向转变。不管是"软着陆"、对资产泡沫的担忧，还是换届效应，都是令人鼓舞的事情。通过本章的研究，可以得出如下结论或建议。

1. 减少政府对经济过度干预

无论是 20 世纪 90 年代初期实施的经济刺激政策，还是金融危机以来政府的过度干预，除了对经济结构带来过多的破坏以外，既不会改变经济的潜在增长路径，也不会带来人们生活满意度的提高，短期不一定有利，长期一定有害。认真吸取苏联、东欧剧变的历史教训，充分认识根植于人为制度设计内生缺陷的欧债危机给欧洲经济体和全球经济带来的影响，坚持发挥市场基础性资源配置作用，纠正大宗商品等价格方面的错误行为，最大限度减少政府干预，把政府作用逐步转移到为市场经济保驾护航上，努力创造良好的宏观环境，尤其是做好公共服务，促使中国经济结构向更好的方向转变。

2. 用稳定需求与供给激励相结合的总量政策取代需求管理政策

充分认识长期实行需求管理政策带来的投资消费结构严重失衡、收入分配结构不断恶化、人们生活满意度因为高房价等带来的生活高成本而降低的严重后果，加快从需求扩展转向稳定需求与供给激励相结合的总量政策的步伐。以调整税制结构为突破口，推进以减轻企业负担和激发企业创新为核心的供给激励机制的建立；以提高边际消费倾向较低的高收入人群的税负为着眼点，减轻中低层群体的负担；以打破垄断、优化投资结构为抓手，通过市场力量激发民间投资热情。

3. 继续巩固货币政策改革取得的成果

认真总结1991～1996年和2009年等年份通过货币扩张推动经济带来的严重后果，继续巩固货币政策改革取得的成果，加快利率市场化进程，坚决摒弃相机抉择货币政策，积极推进中性货币政策实施，以维持适中的货币增长供给率为核心，以利率为工具，以减少金融结构失衡为目标，夯实货币政策在稳定物价、汇率和资产价格中的作用。

4. 以内生增长为目标促进产业结构化升级

充分认识四万亿元投资计划、过度城市化建设等调控措施在拉动经济增长的同时对中国经济结构的影响，正确理解过度经济增长带来的社会福利的净损失，以内生增长代替拉动增长，以结构升级代替过分依赖消费、出口和投资拉动的增长模式。

参考文献

〔英〕约翰·伊特韦尔等编《新帕尔格雷夫经济学大辞典》，经济科学出版社，1992。

陈希孺：《基尼系数及其估计》，《统计研究》2004 年第 8 期。

陈宗胜：《关于总体基尼系数估算方法的一个建议——对李实研究员〈答复〉的再评论》，《经济研究》2002 年第 5 期。

崔潮：《中国经济结构失衡的成因与对策》，《现代经济探讨》2010 年第 5 期。

董静、李子奈：《修正城乡加权法及其应用——由农村和城镇基尼系数推算全国基尼系数》，《数量经济技术经济研究》2004 年第 5 期。

郭冠清：《中国经济结构失衡指标体系构建与探析》，载刘迎秋和吕风勇主编《中国宏观经济运行报告 2012》，社会科学文献出版社，2012。

郭冠清：《西方经济思想史导读》，中国民主法制出版社，2012。

郭冠清：《新兴的新古典综合学派和最优货币政策规则》，《经济动态》2013 年第 2 期。

李实：《对基尼系数估算与分解的进一步说明——对陈宗胜教授评论的再答复》，《经济研究》2002 第 5 期。

李扬：《中国经济发展新阶段的金融改革》，《经济学动态》2013 年第 6 期。

刘树成：《2011 年和"十二五"时期中国经济增长与波动分析》，

《经济学动态》2011 年第 7 期。

刘霞辉：《对当前国内几个宏观经济问题的思考》，《经济学动态》2010 年第 6 期。

柳欣、赵雷、吕元祥：《我国经济增长中的需求结构失衡探源》，《经济学动态》2012 年第 7 期。

刘迎秋：《中国宏观经济走势分析的逻辑与方法探讨》，《经济研究》2009 年第 9 期。

汪洋：《中国 M2/GDP 比率问题研究述评》，《管理世界》2007 年第 1 期。

项俊波：《中国经济结构失衡的测度与分析》，《管理世界》2008 年第 9 期。

杨春学：《"社会主义经济核算争论"及其理论遗产》，《经济学动态》2010 年第 9 期。

袁富华：《低碳经济约束下的中国潜在经济增长》，《经济研究》2010 年第 8 期。

周文、孙懿：《中国面对"中等收入陷阱"问题的解构：本质、挑战与对策》，《经济学动态》2012 年第 7 期。

张平：《后危机时代宏观政策转变：从需求扩张转向供给激励》，《经济学动态》2010 年第 12 期。

张晓晶：《滞胀成因的重新审视与中国的滞胀风险》，《经济学动态》2011 年第 7 期。

张自然、袁富华、赵家章：《中国经济发展中的两个反差——中国 30 个城市生活质量调查报告》，《经济学动态》2011 年第 7 期。

中国经济实验研究院城市生活质量研究中心：《高生活成本拖累城市生活质量满意度提高》，《经济学动态》2012 年第 7 期。

中国人民大学中国宏观经济分析与预测课题组：《中国宏观经济分析与预测：2011～2012》，《宏观经济》2011 年第 11 期。

中国社会科学院经济研究所宏观分析课题组：《在稳增长中化解风险——2013 年上半年经济形势分析》，《经济学动态》2013 年第 6 期。

Mookherjee, Dilip & Shorrocks, Anthony F., 1982. "A Decomposition Analysis of the Trend in UK Income Inequality," *Economic Journal*, Royal Economic Society, Vol. 92 (368), pp. 886 – 902, December.

Chen, Jiandong, Dai Dai & Ming Pu, Wenxuan Hou, Qiaobin Feng,

"The Trend of the Gini Coefficient of China", *Brooks World Poverty Institute Working Paper Series 105*, BWPI, The University of Manchester, 2010.

Xiaobing Wang, Jenifer Piesse & Nick Weaver, "Mind the Gaps: A Political Economy of the Multiple Dimensions of China's Rural – Urban Divide," *Brooks World Poverty Institute Working Paper Series*, *15211*, BWPI, The University of Manchester, 2010.

第四章
存货调整与经济波动

一 引言

国际金融危机以来，中国经历了一个经济剧烈波动过程。2008 年第 4 季度，GDP 同比增长 6.8%，增速创最近 7 年新低，此后经济增速开始回升，2010 年第 1 季度达到了 11.9%。但是经济增速继而出现下滑，特别是进入 2012 年后，更是进一步回落。复杂多变的国际环境和国内宏观调控政策的变化，无疑是引起中国经济波动的基础因素，但是，来自终端需求的冲击又是如何导致总需求和产出更大的波动呢？这仍然是一个值得深思和关注的问题，特别是存货在引起产出波动中的作用，更需要深入研究。

国际上关于存货因素在引起经济周期波动中的作用方面

著述颇丰，虽然迄今还没有一个理论能够完整阐述存货的这种作用，但这些文献从不同视角出发，仍然为我们深刻认识和检验存货的这种作用提供了多种可资借鉴的理论或结论。企业的存货行为是如何被决定的，企业的存货行为又是如何引起宏观经济出现显著波动的，这些成为众多经济学家争相研究的问题。而研究这些问题，最终都会归根于回答这样一个问题，即"存货投资与最终需求之间为何常常是正相关的"，因为存货投资和最终需求构成总需求，二者的正相关就使得产出的波动幅度大于最终需求，而存货也就呈现顺周期特征。

在对企业存货行为进行考察后，经济学家认为最主要的存货行为假说包括三个："平滑生产"假说、"避免存货脱销"假说和"（S，s）策略"假说。同时，不同的"冲击"会使企业的存货行为发生不同方式的调整，从而进一步引起经济波动。许多研究者在这些假说的基础上对这些"冲击"影响存货调整的传导机制和效应进行了研究。West（1990）论证了成本的暂时上升将导致存货和产出减少，而消费由于主要受持久收入影响而较小减少。不过，Miron 和 Zeldes（1988）发现真实工资与原料价格的变化对存货的影响不明显，而Eichenbaum（1989）发现货币行为对真实"技术冲击"是敏感的，但"技术冲击"却不是频繁和暂时的。需求冲击被很多研究者认为是引起存货顺周期变化的主要源泉。Blinder（1986）、Flood 和 Lone（1995）、Kahn（1987）分别以自己的工作论证了在需求冲击可以被预期以及厂商延迟交货条件下，需求的波动会导致生产的更大波动。Hall（1999）则进一步认为，需求跨期替代率的变化才是导致存货变化的最重要因素，这种跨期替代率就主要表现为真实利率，从而将存货调整和经济波动最终主要归因于金融冲击。但 Blinder（1991）发现，真实利率与存货之间经验关系的回归结果并不显著，Kashyap，Stein 和 Wilax（1993）则以替代的方法验证了银行信贷萎缩会引起存货的下降。Maccini 和 Moore（2004）的分析则表明，尽管存货对利率的短期波动并不敏感，但是对利率的长期变化却较为敏感。

此外，还有许多文献分别从周期长度和存货分类等方面考察存货的变化形式，使我们得以更加深入地认识存货对经济波动的影响情况。Wen（2005）对美国和 OECD 国家的总和数据研究后发现，存货对于只有 2～3 个季度的甚短周期呈现逆周期特征，而对于 8～40 个季度的中长周期才呈现顺周期。Iacoviello，Schiantarelli 和 Schuh（2010）指出，原材料比产成品存货的波动性和顺周期性更加明显。Holly 和 Turner（2000）则发现存货在不同阶段呈现非对称调整，销售疲弱或下滑时存货调整较为迅速，销售趋旺时存货调整较为缓慢，原材料存货对于生产波动的反应更是如此。McCarthy 和 Zakrajšek（2007）认为，20 世纪 80 年代中期以来美国制造业产出波动性降低，主要是信息技术进步导致企业存货管理水平得到改善，从而影响了存货的动态变化所致。Irvine 和 Schuh（2003）采用非加总数据并考虑跨部门的异质性，发现半数 GDP 波动的减少和存货行为直接相关，证明存货特别是投入性存货的管理和技术进步会减少 GDP 波动。

不过，也有些研究者对存货在经济周期中的作用表示质疑。Khan 和 Thomas（2007）通过模型检验发现在均衡点上存货投资的顺周期性使部分劳动力和中间产品脱离产成品生产，一定程度上消除了存货投资对实际产出波动的影响。Bils 和 Kahn（2000）发现存货有时会呈现逆周期性，因为在经济扩张阶段，边际成本相应上升，厂商加价减少，受企业销售额下降影响，存货价值也相对出现下降。

国内也有部分学者对中国存货波动与经济波动的关系进行了研究。易纲和吴任昊（2000）指出，由于市场化进程，1978～1998 年间存货投资占 GDP 比例的趋势值是稳步下降的。古明清和操志霞（2003）对 1978～2000 年中国存货投资与经济波动的关系进行了计量分析，发现二者不存在长期的均衡关系，认为主要原因是中国的微观机制市场化滞后。纪敏和王月（2009）认为，2008～2009 年经济增速特别是工业生产增速的急剧下降伴随着剧烈的存货调整因素，指出需求变化和原材料价格过度涨跌增大了存货调整幅度，从而加剧了宏观经济波动程度。王珂英和张鸿武（2010）分析了中国的存货与销售额比率及存货投资与中国经济周期之间的相关性，发现存货与销售额比率的逆周期性特征比较明显，并呈一定的持久性，特别是长期内存货投资的顺周期性特征比较明显，而短期内存货投资与经济波动的规律性并不存在。

本章在以上有关存货理论或研究结果的基础上，试图探讨中国存货波动与产出波动之间的相关关系，以及存货波动对产出波动的贡献程度，分析存货波动与产出波动相关关系变化原因，研究中国存货周期与产出变动周期的关系，以更加深刻地理解当前中国经济周期波动的性质和程度。

二 存货投资及其变动趋势

根据国民收入恒等式，投资、消费、政府支出和净出口共同组成国民收入，而存货投资是投资的一个重要组成部分。存货投资占投资、存货投资占国民收入的比重，以及存货投资的波动程度，将对投资和国民收入产生重要影响。决定存货投资占国民收入比重大小的，有宏观层面的因素，也有微观层面的因素；从宏观上讲，三次产业结构以及产业内部结构变动是影响存货投资占国民收入比重大小的关键因素；从微观上讲，企业存货管理体制的合理性、存货管理技术的先进性是影响存货投资，从而影响存货投资占国民收入比重的主要因素。

中国经济结构的变化导致存货投资占国内生产总值（GDP）比重出现了趋势性的下降。具体说，这主要是由第三产业增加值占 GDP 比重上升以及重工业投资规模扩大导致的。图 4-1 描绘了中国产业结构、投资结构和存货投资占比的变化状况。从图中可以看到，虽然改革开放以来中国资本形成率持续攀升，2012 年达到 47.76%，但由于存货投资占资本形成总额的比重总体由 1978 年的 22.06% 下降到 2012 年的 4.36%，呈现下降趋势，从而使得存货投资占 GDP 的比重总体也呈现下降趋势，2012 年下降到 2.03%。工业产业贡献率的变化趋势与存货投资占资本形成总额比重、存货投资占GDP 比重的变化趋势存在一定程度的一致性，只是在部分年份呈现短期的反向关系。工业产业贡献率的下降对应着第三产业贡献率的上升，第三产业存货投资占第三产业资本形成总额的比重一般偏低，因此，工业产业贡献率下降将有助于存货投资比重的下降。资本形成率的上升，一方面是由于重工业投资比重上升，另一方面是由于房地产投资比重上升，无论是重工业投资还是房地产投资，存货投资占行业资本形成总额的比重通常都偏低，这也是在资本形成率攀升的同时，存货投资占GDP 比重下降的原因。表 4－1 描述了主要行业固定资产投资与行业增加值的比率情况，所列举行业固定资产投资占行业增

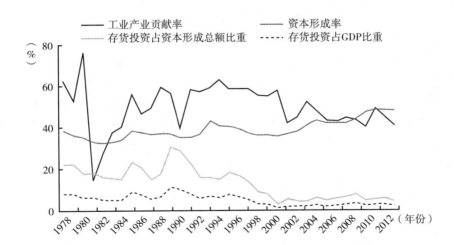

图 4－1　中国产业结构、投资结构与存货
占 GDP 比重的变化关系

资料来源：根据中经网统计数据库有关数据整理计算而得。

加值的比重都呈现逐年上升趋势，其中，工业固定资产投资和房地产投资与行业增加值的比率排在前两位，说明工业特别是重工业以及房地产投资是推动资本形成率不断攀高的重要因素。除此之外，中国存货投资占资本形成总额和国内生产总值比重下降也有企业存货管理体制创新和管理技术水平提高的因素。

表4-1　中国主要行业固定资产投资与行业增加值的比率

年份	工业	建筑业	金融业	房地产业	住宿和餐饮业	批发零售业	交通运输、仓储和邮政业
2003	0.293	0.071	0.017	1.817	0.103	0.071	0.717
2004	0.341	0.085	0.017	2.019	0.121	0.089	0.732
2005	0.398	0.080	0.017	2.058	0.162	0.105	0.813
2006	0.425	0.080	0.015	2.068	0.194	0.114	0.914
2007	0.451	0.077	0.012	2.067	0.239	0.117	0.880
2008	0.489	0.069	0.017	2.389	0.262	0.121	0.951
2009	0.594	0.084	0.020	2.309	0.328	0.154	1.392
2010	0.614	0.088	0.023	2.526	0.368	0.146	1.454
2011	0.685	0.102	0.025	2.826	0.427	0.169	1.215
2012	0.775	0.114	0.033	3.184	0.488	0.199	1.214

资料来源：根据中经网统计数据库和同花顺 iFinD 有关数据整理计算而得。

三　存货投资与总产出波动

中国自改革开放以来，随着经济体制的改革和产业结构的演变，宏观经济波动的特征也有了较大变化，与此同时，作为微观活动主体的企业，存货管理体制和管理技术也有了明显的改进，从而存货投资与产出波动的关系也不断改变。图 4-2 显示了中国 1978 年以来 GDP 实际增速以及存货投资占国内生产总值比重的变化情况。1978~2011 年，存货投资占国内生产总值的比重平均为 5.1%。从图 4-2 中不难看出，2000 年以前，中国存货投资占国内生产总值的比重总体呈现逐步下降的趋势，此后，趋势性特征减弱，周期性波动则有所增强。直观上看，存货投资占国内生产总值比重与国内生产总值实际增速多数年份呈现同向变化，即存货投资波动具有顺周期特点。然而，这一规律并不是必然的，例如 1989 年和 1990 年，中国国内生产总值实际增速分别只有 4.1% 和 3.8%，但存货投资占国内生产总值的比重却分别高达 11.3% 和 10.3%。

**图 4-2 1978~2011 年中国 GDP 实际增速与
存货投资占比**

资料来源：国家统计局编《中国统计年鉴 2012》。

为了更好把握存货投资与总产出波动之间的关系，下面试图通过对存货投资和国内生产总值进行趋势性变量和波动性变量的分解，来研究中国存货投资与产出波动的关系。而且，为了更加清晰地观察存货投资的有关特征，我们还引进固定资产投资、最终消费以及货物与服务贸易净出口等变量，对比分析存货投资波动与其他变量波动的异同，以及各自对国内生产总值增长变化的影响状况。

Burns 和 Mitchell（1946）将经济周期视为围绕"0"值而发生的扩张或收缩的经济波动。但一般将经济周期视为围绕趋势而发生的扩张或收缩的经济波动，这一概念更加适合经济增长较为迅速的发展中国家。前者可称之为"水平型"周期，后者可称之为"增长型"周期。在"增长型"周期中，经济变量可以被分解为"趋势性"变量和"周期性"变量，只有周期性变量才能比较准确地刻画经济变量的波动特性。正因为如此，本章采用了 H－P 滤波（Hodrick－Prescott Filter）对中国国内生产总值（Y）、存货投资（SI）、固定资产投资（FI）、最终消费（FC）和净出口（NE）等变量进行分解，并在各周期性变量的基础上展开分析。样本数据来自于历年《中国统计年鉴》。

1. 存货投资全时段波动程度较大，分时段波动程度相对较小

我们用各周期性变量序列的标准差（SD）表示其波动。不过，为了更好地比较存货投资和其他周期性变量的波动程度的差别，我们将各周期性变量序列数据进行了离差标准化处

理，经过离差标准化后，各变量序列的数值范围都将在（0，
1）之间，据此计算其标准差。表4－2描述了中国存货投资
等周期性变量的波动性情况。1978～2011年，各周期性变量
中存货投资的波动程度最高，具有最大的标准差0.218，最终
消费的标准差则相对最小。但是，当分段观察时，1978～2000
年，存货投资的波动程度低于固定资产投资、国内生产总值和
最终消费的波动程度，而2001～2011年，存货投资的波动程
度则分别低于净出口和固定资产投资的波动程度。这表明，即
使在通过H－P滤波去除趋势之后，存货投资波动的结构性特
征仍然突出，2000年以前利用存货投资对生产和销售进行调
节的作用仍然不明显，2000年以后存货投资管理对于生产经
营的作用有所提升，调整也更为灵活，标准差增加，这也导致
前后两个时间段之间的差异较大，而各时间段内波动程度却相
对较小。

表4－2　中国存货投资等周期性变量波动状况比较

年份	周期性变量序列标准差				
	国内生产总值	存货投资	固定资产投资	最终消费	净出口
1978～2011	0.189	0.218	0.186	0.177	0.194
1978～2000	0.276	0.210	0.286	0.252	0.199
2001～2011	0.309	0.312	0.319	0.293	0.347

**2. 存货投资自相关程度较弱，顺周期性相对投资消费
较低**

我们用一阶自相关系数的大小来衡量各周期性变量的自相

关程度，互相关状况则只考察各周期性变量与国内生产总值的互相关关系，用互相关系数 ρ （Y_t，X_{t+j}）来表示，其中 Y 表示国内生产总值，X 表示被考察周期性变量，而 j = - 1，0，1，分别表示被考察周期性变量领先、同步和滞后于国内生产总值的波动。各周期性变量序列只有 34 个样本数据，在 5% 显著水平上，对应的相关系数界值为 0.33，用以判断各周期性变量序列是否相关。表 4 - 3 和表 4 - 4 分别描述了中国存货投资等周期性变量自相关和互相关情况。表 4 - 3 显示，周期性变量存货投资的一阶自相关系数只有 0.42，小于其他任何一个周期性变量，表明本期存货投资与上期存货投资的相关关系最弱；相反，本期固定资产投资与上期固定资产投资的相关关系最强。国内生产总值序列的一阶自相关系数也达到 0.66，表明本期国内生产总值与上期国内生产总值的相关关系也较强。表 4 - 4 则显示，存货投资与国内生产总值的同步变化程度弱于固定资产投资与最终消费，同时，存货投资领先国内生产总值变化的程度弱于其滞后于国内生产总值变化的程度，而固定资产投资与最终消费领先国内生产总值变化的程度强于其滞后于国内生产总值变化的程度，即存货投资的变化更易受国内生产总值变化的影响，而对国内生产总值产生主动影响的程度较弱。净出口与国内生产总值的各类互相关关系则都不显著。需要指出的是，存货投资与国内生产总值的各期互相关关系都为正，表明在年度的层面上存货投资波动具有顺周期的特征。

表4-3 中国存货投资等周期性变量的自相关状况

周期性变量序列一阶自相关 $\rho(X, X_{-1})$				
X = Y	X = SI	X = FI	X = FC	X = NE
0.66	0.42	0.67	0.54	0.60

表4-4 中国存货投资等周期性变量的互相关状况

周期性变量序列互相关 $\rho(Y_t, X_{t+j})$,其中 j = -1,0,1											
X = SI			X = FI			X = FC			X = NE		
-1	0	1	-1	0	1	-1	0	1	-1	0	1
0.327	0.656	0.496	0.641	0.911	0.610	0.675	0.963	0.488	-0.154	-0.056	0.216

  表4-5进一步考察了存货投资等周期性变量的阶段性特征。1978~2011年,在67.6%的年份周期性变量存货投资与国内生产总值存在着同向变化。这也表明,还有约1/3的年份,两种变量存在反向变化,固定资产投资和最终消费顺周期的年份比重都超过了90%。不过,当我们观察周期性变量的一阶差分数据序列时,我们发现存货投资变动的顺周期性程度大幅上升,顺周期年份比重达到88.2%,固定资产投资变动顺周期则有所降低,为76.5%。这表明,存货投资在总量变化上与经济增长的关系相对较弱,但是在增量变化上与经济增长的关系却明显较强,表4-2和表4-3中存货投资的标准差较大而自相关系数较小这一特点也表明了这一点。固定资产投资在增量变化上与经济增长的关系相对较弱,这主要是因为存货投资的灵活调整在一定程度上平滑了固定资产投资的波动。表4-5还表明存货投资的一个特点,即存货投资总量变化在周期下滑阶段

的顺周期年份的比重比周期上升阶段更大，顺周期性更强，但在增量变化方面则相反，即增量变化在周期性上升阶段的顺周期性强于周期性下滑阶段。这意味着在周期下滑阶段，厂商基于悲观预期更倾向于迅速减少存货，而在周期上升阶段，则由于谨慎起见，迅速增加存货的力度却相对较弱。但是，在周期上升阶段，在增量变化上，存货投资与国内生产总值增量变化高度同步，这种变化能够较好地减少厂商存货积压的风险。另外，无论总量变化还是增量变化，固定资产投资在周期上升阶段都较周期下滑阶段的顺周期性更强，出口则相反。

表 4-5　中国存货投资等周期性变量的顺周期状况

周期阶段	周期性变量的顺周期年份比重				周期性变量一阶差分序列的顺周期年份比重			
	存货投资	固定资产投资	最终消费	净出口	存货投资	固定资产投资	最终消费	净出口
全部阶段	67.6	91.2	91.2	55.9	88.2	76.5	97.1	52.9
周期下滑阶段	78.6	85.7	92.9	57.1	81.8	72.7	100.0	54.5
周期上升阶段	60.0	95.0	90.0	50.0	100.0	81.8	90.9	27.3

四　工业产成品存货投资与产出波动

本节第三部分主要讨论了总体存货投资与总产出波动的关系，而且采用了年度数据这样一种低频数据。为了更深入、更清晰地揭示存货投资与产出波动的关系，我们采用季度数据这样一种高频数据来观察和研究二者之间的协同关系。由于数据可得性的限制，我们选取 1997～2012 年规模以上工业企业的产成品存货、工业总产值、工业企业销售额等样本数据分别代表存货投资（g）、工业总产出（y）和工业销售额（s）。由于数据可得性的限制，我们采用的第 1、第 2、第 3 和第 4 季度，分别指上年 11 月至当年 2 月、当年 2～5 月、当年 5～8 月、当年 8～11 月，如起始季度 1997 年第 1 季度，即指 1996 年 11 月至 1997 年 2 月，最末季度 2012 年第 4 季度，即指 2012 年 8～11 月。所有样本数据均按照这样的时间跨度进行了相应调整和测算。各序列的样本数据是经过季度调整后又进行了 H－P 滤波分解了的周期性变量；用以衡量周期性变量波动性的标准差的计算，都是基于离差标化后的周期性变量序列；各周期性变量序列只有 64 个样本数据，在 5% 的显著水平上，对应的相关系数界值为 0.24，用以判断各周期性变量序列是否相关（样本数据来源于中经网统计数据库，并经过整理计算）。

1. 工业存货投资与工业总产出波动程度相近，自相关程度则明显为低

表 4－6 显示，周期性工业总产出和工业销售额的波动程度处于差不多的水平，周期性存货投资的波动程度较前两者略低，但是并不明显，标准差只低 0.01。表 4－6 还表明，存货投资的自相关较低，一阶自相关系数只有 0.23；工业总产出的一阶自相关系数却达 0.79，工业销售额更高一些，达 0.80。这表明存货投资波动虽然相对较小，但是调整更为灵活，各期之间的相互依赖性较低；工业总产出和工业销售额各期之间的

相互依赖性则较高，黏性较大。存货投资较高的一阶自相关系数和较低的标准差表明，存货投资短期波动程度较大，通过灵活调整以平滑生产，但是在更长的时期内，存货投资的波动则相对平稳。

表4-6　中国工业企业存货投资等周期性变量波动状况比较

周期性变量序列标准差（SD）			周期性变量序列一阶自相关 ρ(x, x₋₁)		
工业总产出	存货投资	工业销售额	x = y	x = g	x = s
0.15	0.14	0.15	0.79	0.23	0.80

2. 相对工业总产出，工业存货投资呈现明显的顺周期性

表4-7描述了存货投资与工业总产出变动的相关关系。不难看出，存货投资与工业总产出的互相关系数为0.62，有明显的顺周期性质，但存货投资领先工业总产出变化的程度弱于其滞后于工业总产出变化的程度，即本期工业总产出对下期存货投资的影响要大于本期存货投资对下期工业总产出的影响。工业销售额与工业总产出的互相关系数则达0.99，保持着高度同步性，工业销售额领先工业总产出变化的程度也略弱于其滞后于工业总产出变化的程度。

表4-7　工业存货投资等周期性变量的互相关状况

周期性变量序列互相关 ρ(yₜ, xₜ₊ⱼ)，其中 j = -1, 0, 1					
x = g			x = s		
-1	0	1	-1	0	1
0.44	0.62	0.53	0.79	0.99	0.80

3. 存货投资占比与产出增长率的当期相关关系较弱，但滞后领先相关关系较强

上文已经主要考察了存货投资与工业总产出绝对数值的关系，为了更深入地探讨工业存货投资与工业总产出变化的数量关系，我们考察工业存货投资占工业总产出比重（pg）这一指标与工业总产出的增长率（py）之间的互相关关系。表 4 - 8 显示，存货投资占比与工业总产出增长在当期并不存在明显的互相关关系，但二者却存在着较明显的滞后关系，即当工业存货投资占比较高时，那么滞后两期的工业总产出的增长率就会降低，这一相关系数达到 - 0.40，而当工业总产出增长率较高时，则会带动下一期工业存货投资占比提高，这一相关系数达到 0.43。这表明，工业存货投资增长率快于工业总产出增长率时，后期工业总产出增加幅度将会倾向于减小，特别是滞后两期后变得更为明显，以防止过高的存货投资带来经营风险；相反，如果工业存货投资占比下降得过快，则由于周期性补充库存的需要，滞后两期后的工业总产出增长率将会有所增加。当工业总产出增长率提高时，或者是仅仅为了补充库存的需要，厂商也相应提高了下一期存货投资的占比；或者是厂商预期经济景气状况将延续，从而会比较迅速地增加存货，以免产品脱销时可能造成损失，使得存货投资占比在下一期就迅速升高。图 4 - 3 则比较直观地表明了 1997 ~ 2012 年各期工业存货投资占工业总产出比重与工业总产出增长率之间存在的上述相关关系。

表4-8　工业存货投资占比与工业总产出
增长率的互相关状况

周期性变量序列互相关 $\rho(py_t, pg_{t+j})$，其中 $j = -2, -1, 0, 1, 2$				
-2	-1	0	1	2
-0.40	-0.27	0.21	0.43	0.11

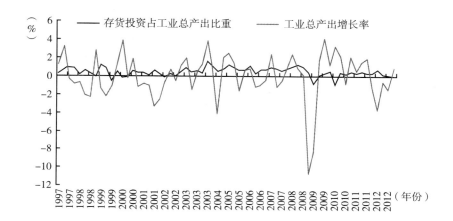

图4-3　经过 H-P 滤波分解后存货投资的顺周期性

五　分行业存货投资与产出波动

由于所处产业链位置的不同以及产业性质不同，不同行业面临外生冲击时存货投资调整的时间和程度也会不一致，并继而对宏观经济运行产生影响，所以研究行业存货投资波动的特征也具有重要的意义。因此，本章尝试对中国行业存货投资变动的性质展开深入研究。本部分所使用的数据均根据同花顺 iFinD 提供的上市公司有关数据整理计算得出。为了研究目的的需要，本章对各行业进行了进一步的综合分类。其中，农林牧渔单独列为一类（INT01），包含 10 个有效上市公司样本；采矿业单独列为一类（INT02），包含 19 个有效样本；农副食品加工、食品制造业和饮料、酿酒业列为一类（INT03），共包含 40 个有效样本；纺织业、纺织服装服饰业、皮革、毛皮、羽毛及其制品和制鞋业列为一类（INT04），共包含 21 个有效样本；木材加工和木、竹、藤、棕、草制品业与家具制造业列为一类（INT05），共包含 3 个有效样本；造纸和纸制品、印刷和化学制品制造业、文教、工美、体育和娱乐用品制造业列为一类（INT06），共包含 14 个有效样本；医药制造业单独列为一类（INT07），共包含 41 个有效样本；石油加工、炼焦和核燃料加工业，化学原料和化学制品制造业，化学纤维制造业，橡胶和塑料制品业，黑色金属压延加工业，有色金属冶炼和压延加工业等六大行业列为一类（INT08），共包含 104 个有效样本；通用设备制造业，专用设备制造业，汽车制造业，铁路、船舶、航空航天和其他运输设备制造业，电气机械和器材机械制造业，计算机、通信和其他电子设备制造业等六大行业列为一类（INT09），包含 150 个有效样本；电力、热力、燃气和水的供应业（INT10）、批发和零售业（INT11）、房地产业（INT12）各单独列为一类，分别包含 34 个、53 个和 22 个有效样本。样本时期都为 2002 年第 1 季度至 2013 年第 2

季度。样本数量为 46 个，在 5% 的显著性水平上，相对应的相关系数临界值为 2.89。

1. 房地产业存货占比水平最高，农林牧渔业存货占比波动性最强

由于行业性质的不同，各行业企业存货投资占当季营业收入的比重相差较大，同时各行业存货投资的波动程度也不尽相同。表 4 - 9 显示，行业 INT12（房地产业）存货投资占当季营业收入比重最大，平均达 29.78%，行业 INT01（农林牧渔业）存货投资占营业收入比重的标准差系数却最大。行业 INT04（纺织服装服饰业、皮革、毛皮、羽毛及其制品和制鞋业），行业 INT05（木材加工和木、竹、藤、棕、草制品业与家具制造业）的存货投资占比也较大，分别达到 8.14% 和 5.92%，行业 INT02（采矿业）、行业 INT10（电力、热力、燃气和水的供应业）、行业 INT09（通用设备制造业、专用设备制造业、汽车制造业、铁路船舶航空航天和其他运输设备制造业、电气机械和器材机械制造业、计算机、通信和其他电子设备制造业）等行业，存货投资占比则最低，分别只有 1.11%、1.53% 和 1.98%。不过行业 INT02 的标准差系数也较高，达 4.29%，行业 INT11（批发和零售业）的标准差系数却最低，只有 1.07，行业 INT07（医药制造业）的标准差系数也较低，只有 1.21%。总体而言，采矿业和重工业存货投资占比较低，而批发零售业类和食品医药业轻工业的标准差系数则较低。

表 4 - 9　各行业存货投资占当季营业收入的平均比重及波动性

行业类别	平均比重	标准差系数	行业类别	平均比重	标准差系数
INT01	2.51	11.60	INT07	2.84	1.21
INT02	1.11	4.29	INT08	2.47	2.64
INT03	3.16	1.30	INT09	1.98	1.58
INT04	8.14	1.42	INT10	1.53	1.59
INT05	5.92	1.70	INT11	2.56	1.07
INT06	3.23	2.58	INT12	29.78	1.41

2. 部分行业间的存货投资同周期性较强，上下游行业同周期性不明显

由于各行业所处上下游位置不同以及各行业间的纵向关联程度不同，各行业存货投资之间将有一定的关联，并且在时间上呈现领先、滞后关系。表 4 - 10 至表 4 - 14 描绘了部分行业之间的这种当期相关关系和领先、滞后关系。进行相关关系检验时，采用的是行业存货投资占行业营业收入比重这样一种数据，并且都对其进行了 H - P 滤波处理，并只使用相应的周期性变量。

表 4 - 10 表明，行业 INT01 与 INT03（农副食品加工、食品制造业和饮料、酿酒业）存货投资之间相关关系较强，不过在当期呈现负相关关系。这表明食品加工制造等行业存货增加的时候，会增加对农林牧渔业的需求，而农林牧渔业产品生产弹性较低，从而会减少农林牧渔业的存货；不过，当农林牧渔业的存货减少后，随即食品加工制造等行业下一期的存货也会减少，表明食品加工制造业基于原

材料供应的有限性可能在当期存在着过度补库存的行为。表 4 - 10 也表明，行业 INT01 与 INT11 （批发和零售业）基本没有任何领先、滞后相关关系，与 INT02 有一定相关关系，但在统计上不甚显著。

表 4 - 10　行业 INT01 与相关行业存货投资的互相关关系

期数	（INT01，INT02）		（INT01，INT03）		（INT01，INT11）	
	滞后	领先	滞后	领先	滞后	领先
0	− 0. 2798	− 0. 2798	− 0. 3035	− 0. 3035	0. 0126	0. 0126
1	− 0. 2214	0. 1469	− 0. 3283	0. 6078	− 0. 0663	0. 0002
2	0. 2842	0. 2903	0. 0105	− 0. 0510	0. 061	0. 196

表 4 - 11 表明，行业 INT02 与 INT03、INT08 （石油加工、炼焦和核燃料加工业、化学原料和化学制品制造业、化学纤维制造业、橡胶和塑料制品业、黑色金属压延加工业、有色金属冶炼和压延加工业）、INT09 的存货投资当期都存在较强的正相关关系。这表明采矿业对经济变化敏感，几乎和其他不甚关联行业 （如 INT03） 以及直接或间接下游产业 （INT08、INT09） 同时感受到经济景气程度的升降，并采取相应的存货调整政策。

表 4 - 11　行业 INT02 与相关行业存货投资的互相关关系

期数	（INT02，INT03）		（INT02，INT08）		（INT02，INT09）	
	滞后	领先	滞后	领先	滞后	领先
0	0. 3207	0. 3207	0. 6540	0. 6540	0. 3564	0. 3564
1	− 0. 0249	− 0. 0037	− 0. 1739	0. 2124	− 0. 0635	0. 3153
2	− 0. 381	0. 0468	− 0. 1387	− 0. 0163	− 0. 3124	− 0. 0509

表 4 - 12 表明，行业 INT03 与 INT08 存货投资的当期相关关系最强，达 0.3506；与 INT04 在当期存在一定的相关关系，只是在统计上不甚显著；与 INT11 则几乎不存在当期相关关系，即食品制造业等行业与同为轻工业的纺织服装业等行业存在一定的同向变化关系，但仅在 10% 的水平上显著，而与重工业的同向关系更强，与作为下游的批发零售业却不存在明显的相关关系。这可能主要是因为食品加工制造业等行业也会密切关注对经济景气有重大影响的重工业的经营状况，并及时同步做出存货调整，而不是消极地等待批发零售业滞后传导来的经营信息再做出反应。

表 4 - 12　行业 INT03 与相关行业存货投资的互相关关系

期数	（INT03，INT04）		（INT03，INT08）		（INT03，INT11）	
	滞后	领先	滞后	领先	滞后	领先
0	0.2618	0.2618	0.3506	0.3506	0.0848	0.0848
1	- 0.1763	0.1578	- 0.168	0.0964	- 0.1758	- 0.0956
2	- 0.3425	- 0.1509	0.1503	- 0.1608	- 0.1977	- 0.028

表 4 - 13 表明，行业 INT08 与 INT09 存货投资存在较明显的当期相关关系，而与 INT10、INT12 都没有明显的当期相关关系。行业 INT08 存货投资还与 INT09 滞后一期的存货投资相关，也与 INT10 滞后一期的存货投资相关。行业 INT08 属于重化工类行业，对上游行业电力、热力、燃气和水的供应业可能有滞后一期的影响。下游行业主要是机械设备制造业，其滞后

一期存货投资与上期重化工类行业存货投资相关，只反映出机械设备制造业的调整周期较长于重化工类行业。表 4 – 13 也表明房地产业的存货投资变化与重化工类行业也没有明显相关关系。这与一般观察者认为的有所不同，但这并不能否定房地产业与重化工业的关联性，或许只与房地产业存货投资的顺周期性较弱有关系。

表 4 – 13　行业 INT08 与相关行业存货投资的互相关关系

期数	（INT08，INT09）		（INT08，INT10）		（INT08，INT12）	
	滞后	领先	滞后	领先	滞后	领先
0	0.4886	0.4886	0.1331	0.1331	0.1842	0.1842
1	0.0706	0.3145	– 0.2529	0.3025	– 0.1585	0.0226
2	– 0.1722	– 0.0511	– 0.1826	0.0544	– 0.0304	0.0471

表 4 – 14 表明，行业 INT12 与 INT04 存在较显著的当期正相关关系，与 INT05 没有明显相关关系，与 INT09 有一定的正相关关系。房地产业存货增加一般是由于在建项目增加导致的，不一定伴随着营业收入的增加，所以房地产业存货增加与木材家具业等行业并没有明显关系，但与机械设备业类行业有一定的相关关系，只是仅在 10% 的水平上显著。房地产业存货与纺织服装类行业存在比较显著的同向变化关系，这一点从逻辑上并不容易解释，有可能仅仅是由两类行业存货投资周期性具有一定的同步性导致的。

表 4－14　行业 INT12 与相关行业存货投资的互相关关系

期数	（INT12，INT04）		（INT12，INT05）		（INT12，INT09）	
	滞后	领先	滞后	领先	滞后	领先
0	0.4044	0.4044	0.0807	0.0807	0.256	0.256
1	－0.0574	－0.2307	0.0721	－0.1807	0.0304	0.015
2	－0.0599	0.0859	－0.003	0.011	0.0867	0.2437

3. 行业存货投资当期正负相关关系不一，但滞后、领先关系倾向于同上期相反

不仅各行业存货投资之间的关系相差较大，各行业存货投资与行业营业收入变动之间的关系也存在着较大的差别。表 4－15（a）至表 4－15（c）描述了各类行业存货投资占营业收入比重与营业收入同比增长之间的关系，用于相关检验的序列仍然是经过 H－P 滤波处理后的周期性变量。

从表 4－15（a）至表 4－15（c）中，行业 INT01、INT03、INT08 的存货投资占比与本行业营业收入增长存在较显著的当期正相关关系，行业 INT04、INT05、INT06、INT09 的存货投资占比与营业收入增长则存在较显著的当期负相关关系。从表中的滞后一期关系来看，行业 INT01、INT03 存货投资占比与上一期营业收入变动存在负相关关系，行业 INT09 存货投资占比则与上一期营业收入变动存在正相关关系；行业 INT04、INT05、INT09 存货投资占比都与下一期营业收入变动存在正相关关系。从表中的滞后两期关系来看，行业 INT07 存货投资占比与领先两期和滞后两期营业收入变动都存在正相关关系，行业 INT09 存货投资占比则与滞后两期营业收入变动存在负相关关系。从滞后三期的关系来看，行业 INT01 存货投资占比与领先三期营业收入变动存在负相关关系，行业 INT04、INT06、INT09、INT10 存货投资占比则与领先三期营业收入变动存在正相关关系，行业 INT03、INT07 存货投资占比则与滞后三期营业收入变动存在负相关关系。

表 4 – 15（a）　　各类行业存货投资占比与营业收入
增长的互相关状况

期数	行业存货投资占比与行业营业收入增长的互相关关系							
	INT01		INT02		INT03		INT04	
	滞后	领先	滞后	领先	滞后	领先	滞后	领先
0	0.5669	0.5669	0.0487	0.0487	0.4514	0.4514	– 0.4417	– 0.4417
1	– 0.3195	– 0.2402	0.1440	0.1382	– 0.3974	– 0.1472	0.2361	0.3739
2	0.0464	0.0381	– 0.2485	– 0.067	0.098	– 0.0598	– 0.1869	– 0.1133
3	– 0.3354	– 0.2576	0.0582	– 0.0792	– 0.1047	– 0.3520	0.5034	0.0112

表 4 – 15（b）　　各类行业存货投资占比与营业收入
增长的互相关状况

期数	行业存货投资占比与行业营业收入增长的互相关关系							
	INT05		INT06		INT07		INT08	
	滞后	领先	滞后	领先	滞后	领先	滞后	领先
0	– 0.443	– 0.443	– 0.3628	– 0.3628	0.0462	0.0462	0.4803	0.4803
1	0.0739	0.3102	– 0.0529	0.1403	– 0.2238	– 0.1635	0.271	0.1857
2	0.0076	0.091	– 0.1469	0.0245	0.3486	0.4480	– 0.0859	– 0.2598
3	0.2525	0.0764	0.4249	– 0.0187	– 0.0578	– 0.3110	0.0274	– 0.2627

表 4 –15 （c）　各类行业存货投资占比与营业收入
增长的互相关状况

期数	行业存货投资占比与行业营业收入增长的互相关关系							
	INT09		INT10		INT11		INT12	
	滞后	领先	滞后	领先	滞后	领先	滞后	领先
0	− 0.2922	− 0.2922	− 0.0385	− 0.0385	− 0.1084	− 0.1084	− 0.1098	− 0.1098
1	0.4630	0.3175	− 0.1703	0.2723	0.0632	0.2451	0.0962	0.1218
2	− 0.2241	− 0.4450	− 0.1672	− 0.1584	− 0.0622	0.0298	− 0.1077	0.073
3	0.5539	0.2237	0.5581	− 0.1274	0.1501	0.026	0.1823	− 0.0798

4. 同一行业产成品投资和原材料投资正相关性较强，不同行业大多不存在明显的相关关系

由于企业对产成品存货的调整行为与原材料存货的调整行为并不相同，从而有必要研究不同行业产成品存货和原材料存货调整变动关系。由于数据的可得性，本章原材料存货直接从相关行业企业的财务报表中获取，而产成品存货则以财务报表中的存货数据减去原材料数据，因此产成品存货事实上还包括了企业产成品和一些低值易耗品类存货，不过，由于企业产成品存货是这些剩余存货的主要构成部分，所以这种替代并不明显影响研究的结果。样本频率是半年，样本期从 2002 年上半年至 2013 年上半年。由于各行业样本数只有 23 个，在 5% 的显著水平上，用于检验的相关系数临界值是 0.42。

（1）房地产业产成品存货占比最高，采矿业产成品存货占比最低

不同行业产成品存货和原材料存货的规模和比重相差较

大，有些行业产成品存货可能是原材料存货的几倍，也有些行业原材料存货可能要多于产成品存货。表4-16描述了不同行业产成品存货与原材料存货的比率及波动情况。其中，产成品存货和原材料存货都是存量数据。从表4-16可以看出，行业INT02、INT06（造纸和纸制品、印刷和化学制品制造业、文教、工美、体育和娱乐用品制造业）、INT08等行业的原材料存货相对于产成品存货比重较大，行业INT12、INT11、INT04、INT03、INT07等行业产成品存货比重较大。从标准差系数来看，行业INT12、INT04、INT01和INT11等行业产成品存货和原材料存货的比率变化较大，行业INT07、INT09、INT03、INT08这一比率相对稳定。

表4-16　各行业产成品存量与原材料存量的比率及波动

行业类别	平均比率	标准差系数	行业类别	平均比率	标准差系数
INT01	2.18	0.54	INT07	4.07	0.08
INT02	0.90	0.25	INT08	1.52	0.16
INT03	4.81	0.16	INT09	2.21	0.08
INT04	8.19	0.62	INT10	2.22	0.37
INT05	2.32	0.26	INT11	25.25	0.49
INT06	1.17	0.25	INT12	114.02	0.75

（2）相对于产成品投资，原材料投资波动性更大

不仅各行业产成品存货和原材料存货的比率差别较大，各行业产成品投资、原材料投资的波动也相差较大。表4-17表明，所有行业原材料投资标准差系数都高于同行业产成品投资标准差系数，即原材料投资比产成品投资的波动性

更大。其中，行业 INT01、INT06 产成品投资和原材料投资相对其他行业波动性都较大，行业 INT12 产成品投资的波动性较小，但原材料投资的波动性最大，行业 INT04、INT02 原材料投资波动性也较大，行业 INT07、INT01 的产成品投资则相对稳定。

表 4−17　各行业产成品投资与原材料投资的标准差系数

行业类别	产成品投资标准差系数	原材料投资标准差系数
INT01	4.24	12.23
INT02	1.86	4.44
INT03	1.10	2.59
INT04	1.21	14.20
INT05	1.85	2.79
INT06	2.88	4.24
INT07	0.95	1.25
INT08	2.20	2.49
INT09	1.15	1.98
INT10	1.57	2.45
INT11	0.87	1.83
INT12	0.83	81.09

（3）同一行业产成品投资与原材料投资当期正相关性较强

研究各行业的产成品投资与原材料投资变动的相关关系对于认识企业存货调整行为具有重要指导作用。表 4−18（a）至表 4−18（c）就描述了产成品投资与原材料投资的这种变动关系。由于考察的是同一行业，因此在相关检验时，都采取了产成品投资和原材料投资的绝对值，并且是经过 H－P 滤波处理了的周期性数据。

从表中可以看出，在当期相关关系中，行业 INT02、INT12、INT07、INT06 产成品都具有较明显的正相关关系，行业 INT05 则在 10% 的显著水平上呈现一定的负相关关系。在滞后一期关系中，行业 INT02 产成品投资与上一期的原材料投资呈现负相关关系，行业 INT05 产成品投资则与上一期及下一期的原材料投资都呈现正相关关系。

表 4 – 18 （a）　　同一行业产成品投资与原材料
投资的互相关状况

期数	（行业 i 产成品投资, 行业 i 原材料投资）							
	INT01		INT02		INT03		INT04	
	滞后	领先	滞后	领先	滞后	领先	滞后	领先
0	－ 0. 1261	－ 0. 1261	0. 7213	0. 7213	0. 3757	0. 3757	0. 3236	0. 3236
1	－ 0. 1999	－ 0. 2951	－ 0. 4647	－ 0. 4139	0. 1606	－ 0. 1596	0. 0134	－ 0. 4797

表 4 – 18 （b）　　同一行业产成品投资与原材料
投资的互相关状况

期数	（行业 i 产成品投资, 行业 i 原材料投资）							
	INT05		INT06		INT07		INT08	
	滞后	领先	滞后	领先	滞后	领先	滞后	领先
0	－ 0. 3673	－ 0. 3673	0. 4234	0. 4234	0. 4487	0. 4487	0. 3546	0. 3546
1	0. 7349	0. 4604	0. 1961	－ 0. 0799	－ 0. 3463	－ 0. 1505	0. 0419	0. 4957

表 4 – 18（c） 同一行业产成品投资与原材料
投资的互相关状况

| 期数 | （行业 i 产成品投资，行业 i 原材料投资） | | | | | | | |
| | INT09 | | INT10 | | INT11 | | INT12 | |
	滞后	领先	滞后	领先	滞后	领先	滞后	领先
0	0.2171	0.2171	0.1746	0.1746	0.2139	0.2139	0.5523	0.5523
1	0.4214	0.3782	0.3715	– 0.0311	– 0.2546	– 0.0679	0.0715	– 0.2900

（4）重化工类行业产成品投资与其他相关行业原材料投资当期正相关性较强，其他大多数行业之间则不存在明显的相关关系

表 4 – 19 主要描述了行业 INT08 产成品投资与其他行业原材料投资的这种变动关系。由于考察的只是不同行业产成品投资与原材料投资之间的关系，而不涉及营业收入变动，因此，进行相关检验时，也都采取了产成品投资和原材料投资的绝对值，并且是经过 H – P 滤波处理了的周期性数据。从表中可以看出，行业 INT08 产成品投资与其他被考察行业都存在较明显的正相关关系，并没有表现出其他行业原材料投资增加而行业 INT08 出现减少的情况，说明这些行业的同周期性仍相当强，即其他行业增加原材料投资，行业 INT08 会据此判断经济景气程度上升，从而也增加产成品投资。这种关联行业产成品投资和原材料投资的同周期性可能会加大经济波动的程度。不过，被考察行业在滞后一期时并没有明显的相关关系。而且，对其他行业的考察也表明（没有列于此处），大多数行业的产成品投资与其他行业原材料投资都没有明显的正相

关关系和负相关关系。这或许说明，试图通过考察各行业间产成品投资和原材料投资的关联性而研究经济的波动性，只是在部分行业才有意义，在总体上我们并不能获得它们之间比较确切的相关关系。

表4-19　主要行业产成品投资与原材料投资的互相关状况

期数	（行业 i 产成品投资，行业 j 原材料投资）					
	（INT08，INT02）		（INT08，INT09）		（INT08，INT12）	
	滞后	领先	滞后	领先	滞后	领先
0	0.7136	0.7136	0.5991	0.5991	0.7041	0.7041
1	-0.3372	-0.2718	-0.3886	0.0331	-0.2679	-0.331

六　存货投资与产出的逆周期关系及其对经济运行的影响

上面主要分析了存货投资与产出波动的一般变化关系，但正如上文有关部分所分析的，存货投资与产出波动在某一时期也存在着反向变化的关系，正是这种关系削弱了总体分析中它们之间的周期相关程度。识别和区分存货投资和产出波动的逆向关系，对于分析短期内存货投资对产出造成的影响具有重要指导作用。

根据存货的"平滑生产"假说、"避免存货脱销"假说和"（S，s）策略"假说，都可以推导出这样的一种逻辑：在经济处于上升周期阶段，销售额不断扩大，厂商预期这种快速增长将会持续下去，为了生产的稳定或避免脱销，厂商将扩大存货投资，并维持存货投资占下期预期营业收入比重不变，从而使得存货投资占本期营业收入的比重高于上一期；不过，如果经济快速增长的速度超出厂商预期，则会由于销售额增加而存货投资不足导致这一比重下降。当经济处于下降周期阶段时，厂商预期销售额将不断萎缩，相应减少存货投资，从而使得存货投资占本期营业收入的比重低于上一期。同样，如果经济增长速度放缓程度超过厂商预期，由于销售额减少而存货投资未能及时调减，这一比重将上升。一般情况下，我们认为，在经济运行比较平稳的时候，厂商能够较好地预期到销售额的变化情况，也能够合理地调整存货投资，从而使得存货投资呈现较强的顺周期特征。这在长期内更容易发生。但是，当经济形势突然发生逆转，厂商预期将出现误差，导致存货投资调整不足，从而会出现逆周期的情况，并且这种情况更有可能在短期内发生。厂商存货的调增或调减，将会影响厂商的生产行为。当大多数厂商具有同样的存货调整行为时，将引起宏观经济的波动。

　　本部分拟根据制造业样本上市公司的存货投资和营业收入（产出）数据①，来研究厂商存货投资行为对厂商营业收入的影响情况，据此推断近年存货变动对宏观经济运行的影响。样本为季度数据，包括410家制造业上市公司。

---

　　① 严格说来，应该考察制造业上市公司的存货投资与总产出才更能表明存货投资在生产中的作用，不过由于营业收入和总产出高度相关，相关系数高达0.99，因此选取营业收入来代替总产出进行考察可以达到同样的研究目的。

1. 存货投资贡献点数与营业收入增长正相关，营业收入急速下降时贡献程度最大

表4-20描述了2003年第1季度至2013年第2季度制造业样本上市公司营业收入增长情况，以及存货投资对营业收入增速的贡献百分点数。总体来看，样本公司的营业收入同比增速与存货投资的贡献点数是正相关的，季节调整后经过H-P滤波分解后的周期性变量序列进行的相关检验，二者当期正相关系数高达0.7288，并且营业收入同比增速与下一期存货投资贡献点数也存在高达0.6556的正相关关系。从表4-20可以看出，2008年第4季度，样本公司的营业收入同比增速骤降12.10%，同期存货投资下降就引起了营业收入下降12.20个百分点，相比2007年第4季度，样本公司的营业收入增速回落了35个百分点，存货投资贡献点数减少了19.19点。2011年第4季度也存在类似的情况，样本公司营业收入增速比上年同期回落11.91个百分点，其中存货投资贡献点数就减少了5.37个百分点。不过，2012年以来，存货投资影响营业收入增长程度一直较低。2012年第1季度至第4季度，样本公司营业收入增速分别比上年同期回落25.83个百分点、19.56个百分点、22.83个百分点和10.91个百分点，其中存货投资贡献点数分别减少了2.32个百分点、3.79个百分点、2.63个百分点和2.34个百分点。进入2013年，第1季度样本公司营业收入同比增速7.50%，存货投资贡献了3.81个百分点，第2季度样本公司营业收入同比增速9.62%，存货投资负向贡献了0.86个百分点。不过，由于样本公司的营业收入

增速放缓，预计未来存货投资的波动对营业收入增速的影响程度可能会有所上升。

表4-20 制造业样本上市公司存货投资对营业收入增长的影响

单位：%，个百分点

时间	营业收入同比增速	存货投资对营业收入的贡献点数	时间	营业收入同比增速	存货投资对营业收入的贡献点数
Q1. 2003	33.80	9.88	Q2. 2008	30.83	6.14
Q2. 2003	23.63	5.14	Q3. 2008	18.52	6.29
Q3. 2003	26.27	1.82	Q4. 2008	-12.10	-12.20
Q4. 2003	31.76	0.82	Q1. 2009	-17.58	-2.45
Q1. 2004	31.27	9.00	Q2. 2009	-16.42	-1.68
Q2. 2004	30.81	7.49	Q3. 2009	0.62	3.65
Q3. 2004	25.78	4.21	Q4. 2009	43.22	7.84
Q4. 2004	22.11	1.85	Q1. 2010	53.05	10.34
Q1. 2005	18.55	3.66	Q2. 2010	53.36	4.33
Q2. 2005	22.41	13.03	Q3. 2010	31.99	2.85
Q3. 2005	21.53	2.09	Q4. 2010	27.06	6.91
Q4. 2005	18.04	-2.14	Q1. 2011	30.00	6.22
Q1. 2006	15.11	3.27	Q2. 2011	21.03	1.36
Q2. 2006	21.97	1.36	Q3. 2011	21.92	3.06
Q3. 2006	21.64	2.33	Q4. 2011	15.15	1.54
Q4. 2006	33.49	6.19	Q1. 2012	4.17	3.90
Q1. 2007	32.01	2.45	Q2. 2012	1.47	-2.43
Q2. 2007	28.36	5.55	Q3. 2012	-0.91	0.43
Q3. 2007	33.79	5.52	Q4. 2012	4.24	-0.80
Q4. 2007	22.90	6.99	Q1. 2013	7.50	3.81
Q1. 2008	30.43	8.59	Q2. 2013	9.62	-0.86

2. 存货占比短期逆周期性，营业收入变动影响大于存货投资

对于厂商而言，他们所重视的存货更多是存量概念的，只有存货存量低于或高于营业收入的一定比率时，他们才会考虑增加或减少存货投资，继而对产出产生一定影响。上文的有关分析表明，存货投资总体是顺周期的，即当营业收入同比增长较快时，存货投资占营业收入的比重也倾向于上升。这样可以推断，此时当期存货存量占营业收入比重也倾向于上升（不过，尽管前面的分析采用的是季度数据，但是分析采用的又是年度同比概念，其实存货调整的周期是年度）。那么，如果采用季度环比分析，结果又是怎样的呢？

图4-5直观描述了制造业样本上市公司营业收入环比增速与存货（存量）占比变动的关系。总体来看，二者呈现一种负相关关系，说明在短期内存货占比的变动呈现一种逆周期的特征。事实上，当采用季节调整后两变量序列的 H-P 滤波的周期性变量序列进行相关检验时，二者当期的负相关系数达到 0.6159，而且存货占比变动与滞后一期和滞后两期营业收入环比增速也存在着负相关关系。不过，存货占比变动还与领先两期的营业收入环比增速存在正相关关系。

表4-21进一步详细列明了2003年第1季度到2013年第2季度制造业样本上市公司营业收入环比增速与存货占比的变动情况。表4-22则详细列明了存货占比的两类影响因素所起作用的大小，即存货投资和营业收入变动影响存货占比的程度。2008年第4季度，样本公司营业收入环比下降了19.08%，但

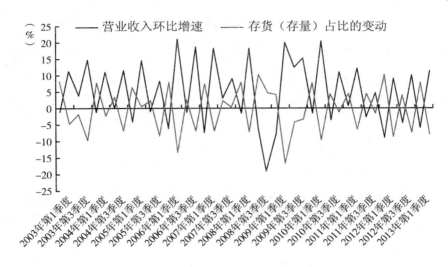

图 4 - 4 制造业样本上市公司存货（存量）占比变动的逆周期性

是存货占比却增加了 4.65 个百分点。其中，存货投资减少因素使得存货占比下降了 11.23 个百分点，营业收入减少因素使得存货占比增加了 15.88 个百分点。这表明，当经济忽然紧缩时，厂商也会立即减少存货投资，但是由于形势恶化较快，营业收入下降迅速，这种存货减少却不足以降低总的存货存量占营业收入的比重，从而导致存货占比升高，但此时存货投资绝对量仍然是减少的。进入 2013 年，第 1 季度样本公司营业收入环比下降 6.02%，存货占比增加 7.62 个百分点，其中存货投资使存货占比提高 3.33 个百分点，营业收入减少使得存货占比提高 4.28 个百分点；第 2 季度，样本公司营业收入环比增加 11.16%，存货占比降低 7.92 个百分点，其中存货投资使得存货占比降低 0.88 个百分点，营业收入减少使得存货占比提高 7.05 个百分点。

总之，存货占比变动与营业收入环比存在一种负相关关系，这在很大程度上是由于营业收入的快速增长降低了存货占比，同时，存货占比降低较多还很有可能对应未来两期较高的营业收入增速，这在一定程度上是由于厂商为了提高存货占比而增加存货投资。这种变动关系为我们观察未来宏观经济波动具有一定的指导意义。

表 4 - 21　制造业样本上市公司营业收入增速与
存货（存量）占比的关系

单位：%，个百分点

时间	营业收入环比增速	存货占比的变动	时间	营业收入环比增速	存货占比的变动
Q1. 2003	- 0. 74	7. 98	Q2. 2008	18. 29	- 6. 97
Q2. 2003	11. 25	- 4. 70	Q3. 2008	- 6. 54	10. 10
Q3. 2003	3. 95	- 1. 71	Q4. 2008	- 19. 08	4. 65
Q4. 2003	14. 79	- 9. 84	Q1. 2009	- 7. 87	4. 13
Q1. 2004	- 1. 11	7. 66	Q2. 2009	19. 95	- 16. 54
Q2. 2004	10. 85	- 2. 01	Q3. 2009	12. 51	- 4. 25
Q3. 2004	- 0. 04	3. 38	Q4. 2009	15. 18	- 3. 30
Q4. 2004	11. 44	- 6. 74	Q1. 2010	- 1. 55	7. 75
Q1. 2005	- 3. 99	6. 15	Q2. 2010	20. 19	- 9. 11
Q2. 2005	14. 46	0. 56	Q3. 2010	- 3. 16	4. 18
Q3. 2005	- 0. 76	2. 34	Q4. 2010	10. 88	- 1. 05
Q4. 2005	8. 23	- 8. 10	Q1. 2011	0. 73	4. 31
Q1. 2006	- 6. 37	7. 92	Q2. 2011	11. 89	- 6. 25
Q2. 2006	21. 28	- 13. 37	Q3. 2011	- 2. 44	4. 09
Q3. 2006	- 1. 02	2. 63	Q4. 2011	4. 72	- 1. 69
Q4. 2006	18. 78	- 6. 72	Q1. 2012	- 8. 87	10. 12
Q1. 2007	- 7. 41	7. 07	Q2. 2012	9. 00	- 8. 64
Q2. 2007	17. 93	- 6. 65	Q3. 2012	- 4. 74	3. 77
Q3. 2007	3. 16	2. 12	Q4. 2012	10. 16	- 7. 29
Q4. 2007	9. 11	0. 04	Q1. 2013	- 6. 02	7. 62
Q1. 2008	- 1. 74	7. 78	Q2. 2013	11. 16	- 7. 92

表 4 – 22　制造业样本上市公司存货投资和营业收入
变动对存货（存量）占比的影响

单位：个百分点

时间	存货投资对 存货占比变动 的贡献点数	营业收入变动 对存货占比的 贡献点数	时间	存货投资对 存货占比变动 的贡献点数	营业收入变动 对存货占比的 贡献点数
Q1. 2003	7. 33	0. 65	Q2. 2008	5. 55	– 12. 52
Q2. 2003	4. 63	– 9. 33	Q3. 2008	4. 96	5. 14
Q3. 2003	1. 50	– 3. 21	Q4. 2008	– 11. 23	15. 88
Q4. 2003	0. 72	– 10. 56	Q1. 2009	– 2. 74	6. 87
Q1. 2004	6. 78	0. 88	Q2. 2009	– 2. 41	– 14. 13
Q2. 2004	6. 34	– 8. 36	Q3. 2009	4. 08	– 8. 33
Q3. 2004	3. 34	0. 03	Q4. 2009	6. 30	– 9. 61
Q4. 2004	1. 69	– 8. 43	Q1. 2010	6. 65	1. 10
Q1. 2005	2. 96	3. 19	Q2. 2010	3. 39	– 12. 50
Q2. 2005	12. 18	– 11. 62	Q3. 2010	2. 09	2. 09
Q3. 2005	1. 71	0. 63	Q4. 2010	6. 03	– 7. 07
Q4. 2005	– 1. 96	– 6. 14	Q1. 2011	4. 82	– 0. 51
Q1. 2006	2. 66	5. 26	Q2. 2011	1. 25	– 7. 51
Q2. 2006	1. 35	– 14. 72	Q3. 2011	2. 45	1. 64
Q3. 2006	1. 89	0. 74	Q4. 2011	1. 40	– 3. 09
Q4. 2006	5. 51	– 12. 22	Q1. 2012	3. 41	6. 71
Q1. 2007	1. 72	5. 35	Q2. 2012	– 2. 61	– 6. 03
Q2. 2007	5. 10	– 11. 74	Q3. 2012	0. 41	3. 35
Q3. 2007	4. 26	– 2. 14	Q4. 2012	– 0. 84	– 6. 45
Q4. 2007	6. 21	– 6. 16	Q1. 2013	3. 33	4. 28
Q1. 2008	6. 47	1. 31	Q2. 2013	– 0. 88	– 7. 05

七　结语

本章分别用高频季度数据和低频年度数据对中国存货投资
的某些统计特征进行了研究，得出如下结论：一是存货投资具有较明显的顺周期特性。这可从国内生产总值和工业总产出标准差看出。二是生产的波动大于最终需求的波动，这从低频数据国内生产总值标准差大于社会消费品零售总额标准差可以看出（1978～2000年除外）。这两个结论与其他研究文献的普遍结论一致，而且正是存货投资的顺周期性导致了生产的波动性大于最终需求的波动性。三是周期下滑阶段存货投资总量变化的顺周期性更强，但是在周期上升阶段存货投资增量变化顺周期性则更强。四是工业存货投资占工业总产出比重和工业总产出增长率之间的同期变化关系不显著，但存在较明显的领先和滞后关系，即当期工业存货投资占比增加将导致滞后两期的工业总产出增长率提高，而当期工业总产出增长率的提高则会导致滞后一期的工业存货投资占比提高。五是制造业存货存量占营业收入比重与营业收入环比增速呈现一种短期逆周期关系，并且存货占比升高，还有可能对应着滞后一期和滞后两期较高的营业收入环比增速。

除了以上结论外，从本章相关图表还可以看出以下几点特征：高频数据中的存货投资的波动性弱于低频数据中的存货投资的波动性，高频数据中的存货投资的自相关性也弱于低频数据中存货投资的自相关性，高频数据中的存货投资与产出的当期互相关关系也弱于低频数据中存货投资与产出的当期互相关关系，不过领先或滞后期的互相关关系却强于低频数据中的互相关关系。这些结论在一定程度上表明，存货投资在短期内调整较为平滑和灵活，在长期内调整幅度则会变得更大。同时，存货投资与产出的较显著的相互影响的关系也限于两个季度以内，在更长期限内将变得不显著，从而使得二者在年度低频数据中的领先、滞后关系较弱。

　　尽管高频数据采用的是 1997 年以来的规模以上工业企业的数据，而低频数据采用的是 1978 年以来的国内生产总值数据，存在时间和内涵上的差异性，一定程度上削弱了相关结论的精确性，但由于首先使用 H－P 滤波进行了分解，只将周期性变量部分作为研究对象，在计算标准差时也使用了数据标准化，从而这里的结论仍然具有较大的启示性。但如何通过提高数据质量，使时间和内涵相同或接近，以更准确地对存货投资的特性进行研究和描述，仍是未来有待研究的一个命题。

参考文献

　　古明清、操志霞：《我国存货与经济波动的计量分析》，《经济问题探索》2003 年第 2 期。

　　纪敏、王月：《对存货顺周期调整和宏观经济波动的分析》，《经济学动态》2009 年第 4 期。

　　王珂英、张鸿武 . :《我国存货投资与宏观经济波动相关性的分析》，《企业经济》2012 年第 4 期。

　　易纲、吴任昊：《论存货与经济波动（上）——理论回顾与对中国情况的初步分析》，《财贸经济》2000 年第 5 期。

　　易纲、吴任昊：《论存货与经济波动（下）——理论回顾与对中国情况的初步分析》，《财贸经济》2000 年第 6 期。

　　Blinder Alan S. , " Can the Production Smoothing Model of Inventory Behavior Be Saved? ", *Quarterly Journal of Economics*, 1986, 101 (3): 431 – 453.

　　Blinder Alan S. and L. J. Maccini. , " Taking Stock: A Critical

Assessment of Recent Research on Inventories", *Journal of Economic Perspectives*, 1991, (5): 73 – 96.

Eichenbaum, M. S., "Some Empirical Evidence on the Production Level and Production Cost Smoothing Models of Inventory Investment", *The American Economic Review*, 1989, 79 (4): 853 – 864.

Flood, D. and F. Lown, "Inventories and the Business Cycle", *The Economic Record*, 1995, 71 (1): 27 – 39.

Hall, R. E., "Aggregate Job Destruction and Inventory Liquidation", *NBER Working Paper No. 6912*, January 1999.

Holly, S. and P. Turner., "Inventory Investment and asymmetric adjustment: Some evidence for the UK", *International journal of production economics*, 2001, 72 (3): 251 – 260.

Iacoviello, M., F. Schiantarelli and S. Schuhm., "Input and Output Inventories in General Equilibrium", *International Economic Review*, 2011, 52 (4): 1179 – 1213.

Irvine, O. and S. Schuh., "Inventory Investment and Output Volatility", *Federal Reserve Bank of Boston Working Paper*, *02 – 6*, 2002.

Kahn A. James, "Inventories and the Volatility of Production", *American Economic Review*, 1987, 77 (4): 667 – 680.

——Why Is Production More Volatile than Sales? Theory and Evidence on the Stockout – Avoidance Motive for Inventory Holding, *Quarterly Journal of Economics*, 1992, 107 (2): 481 – 510.

——and J. Thomas., "Inventories and the Business Cycle: An Equilibrium Analysis of (S, s) Policies", *American Economic Review*, 2007, 97 (4): 1165 – 1188.

—— and M. Bils., "What Inventory Behavior Tells Us about Business Cycles", *American Economic Review*, 2000, 90 (3): 458 – 481.

Kshyap J. S. and D. Wilcox., "Monetary policy and Credit Conditions: Evidence from the Composition of External Finance", *American Economic Review*, 1993, 83 (1): 78 – 98.

McCarthy, J. And E. Zakrajsek., "Inventory Dynamics and Business Cycles: What Has Changed? Journal of Money", *Credit and Banking*, 2007, 39 (2 – 3): 591 – 613.

Maccini, L. and Moore, B., "The Interest Rate, Learning, and Inventory Investment", *The American Economic Review*, 2004, 94 (5): 1303 – 1371.

Miron, J. and S. Zeldes., "Seasonality, Cost Shocks, and the Production Smoothing Model of Inventories", *Econometrica*, 1988, 56 (4): 877 – 908.

Wen, Y., "Understanding the Inventory Cycle", *Journal of Monetary Economics*, 2005, 52 (8): 1533 – 1555.

West Kenneth D., "The Sources of Fluctuations in Aggregate Inventories and GNP", *Quarterly Journal of Economics*, 1990, 105 (4): 939 – 971.

第五章
贸易收支失衡、人民币持续
升值与经济稳定增长

一 引言

2013 年 10 月 24 日，人民币兑美元汇率一度升到 1 美元
兑换 6.0808 元人民币，相比本年第一个交易日已累计升值
2089 个基点，并创 2005 年人民币汇率形成机制改革以来的
新高。而与此相对应，中国对外贸易却增速缓慢，2013 年前
三季度出口增长 8.0%。尽管对外出口贸易放缓的主要原因
是世界经济低迷、外部需求不振，但人民币近年来一直持续
升值，无疑也是中国出口贸易产品竞争力降低、出口增速放
缓的一个重要原因。事实上，截至 2013 年 10 月 24 日，人民
币兑美元汇率比 2005 年人民币汇率形成机制改革时已经累计
升值 26.5%，无疑使中国出口贸易产品的国际价格升高，竞
争力削弱。

那么，人民币升值的主要影响因素是什么？就 2013 年而言，世界许多国家特别是美国为了应对经济不景气状况而相继推出量化宽松的货币政策，驱使许多国际热钱流入中国套利，是致使人民币升值的一个重要因素。但是，从长期看，中国多年连续保持着贸易和投资的"双顺差"才是人民币升值的主要原因。国际收支长期失衡加大了市场上对外汇的供给和对人民币的需求，并通过市场预期进一步助长了人民币升值的预期，在新的人民币汇率形成机制下，最终导致人民币出现持续升值的局面。

进出口贸易伴随的顺差成为推动人民币升值的一个重要影响因素，但是人民币升值反过来也会对进出口贸易产生影响，并继而对中国国民经济产生深刻而复杂的影响。这里有一个问题值得深思，即加工贸易顺差，以及以从事加工贸易为目的而流入的外商直接投资，究竟对人民币汇率波动产生了怎样的影响？人民币汇率波动又对一般贸易特别是一般贸易出口产生了怎样的影响？由于一般贸易出口和加工贸易出口对经济增长的影响作用不同，中国鼓励加工贸易的政策是否会通过人民币汇率波动而对一般贸易出口产生不利影响，继而对中国经济增长产生不利影响？由于这些问题关系到中国对外贸易战略如何进行调整，本章试图对此问题进行深入而系统的研究，以揭示加工贸易在不同时期在中国经济发展中扮演的角色，以及为了推动中国经济更加持续健康地发展，如何正确认识和处理一般贸易与加工贸易之间的相互关系。

本章接下来的部分结构安排如下：第二部分主要讨论加工

贸易与一般贸易对经济增长的不同影响；第三部分主要探讨加工贸易，以及以从事加工贸易为目的的外商直接投资形成的顺差对人民币汇率波动的影响；第四部分研究人民币汇率波动对一般贸易的影响，以及这种影响对经济增长所具有的作用；第五部分则在以上研究结论的基础上，提出关于中国对外贸易战略调整的一些建议。

二 加工贸易和一般贸易的经济增长效应

1. 理论关系：闲置资源的存在是加工贸易增长效应的前提

国际贸易对于经济增长具有重要作用，甚至被公认是增长的引擎，是发展中国家摆脱贫困、迅速实现工业化的主要途径。早期亚当·斯密的"剩余产品出路"学说以及20世纪30年代罗伯特逊的"对外贸易是经济增长的'发动机'"命题，都描述了落后国家利用闲置资源扩大出口产业，进而推动国民经济增长的事实。具体来说，国际贸易对于经济增长的作用主要表现在以下几个方面：一是国际贸易通过深化国际分工、提高生产效率而促进世界经济的长期增长；二是国际贸易特别是进口通过大量引进外国先进生产设备和技术促进本国技术效率的提高，继而促使经济迅速增长；三是国际贸易，特别是出口贸易能够通过最大限度地利用本国闲置或富有优势的资源而迅速扩大本国产品的市场，从而促使经济在一定时期内保持较快增长。正是因为国际贸易对于经济增长具有重要的作用，很多国家特别是发展中国家都注重对外贸易战略的选择和制定。有些国家为了摆脱国外发达国家对本国市场的控制而采取"进口替代"战略，就是对国外进口产品挤压本国产品市场而采取的反向选择策略，而另一部分国家采取的"贸易导向"战略，则是充分利用本国闲置或富余的资源具有的比较优势，快速扩大本国产品的国际市场，进而达到拉动本国经济快速发展的目的。

不同类型贸易方式对经济增长的影响程度和作用方式并不相同。加工贸易是一种"两头在外"的贸易方式，即遵循"进口原料—加工生产—产品出口"的模式，进口的目的即在于出口；而一般贸易则存在不对应的关系，即一般贸易进口产品不仅可能不是用于生产产品并出口的，甚至不是用于生产而只是用于消费的。但就出口贸易而言，加工贸易出口只是少部分利用了本地闲置或富余的资源，更多是进口、利用外部资源用于生产；而一般贸易出口则不仅利用了本国闲置或富余的资源，而且利用了本地企业生产的中间产品或最终产品，从而，同样数量的出口贸易额中，一般贸易出口对本国的需求带动作用将大于加工贸易出口，在短期对于经济增长的效应也就更大。

尽管如此，加工贸易出口对于一国经济增长的促进作用也要区别不同的时期和不同的环境。在大量劳动力和土地资源等要素资源闲置的情况下，一般贸易出口并不能对这些要素资源充分吸收，此时加工贸易应运而生，可以在不对一般贸易出口产生影响的情况下促进本国经济的增长，从而对一国经济的发展就具有积极的不可忽视的作用。张冰、金戈（2009）开展的理论研究甚至进一步将加工贸易促进经济增长的途径归纳为三个传导机制，即扩大就业与人力资本积累机制、弥补储蓄与外汇缺口机制、技术扩散与后向关联机制。但是，在一国劳动力和土地资源等要素资源已经存在紧约束的情况下，加工贸易出口如果仍然由于优惠政策的支持而长期持续存在，势必产生一系列不利影响。这不仅表现在加工贸易出口将与国内企业争夺劳动力和土地等要素资源，损害出口贸易企业的利益，而且加工贸易出口通常伴随的巨额顺差，以及以加工贸易出口为目的的大量外商直接投资，将会带来一国本币的长期升值，抑制一般贸易出口的增长，继而对经济增长产生不利影响。

2. 经验研究：加工贸易的增长效应弱于一般贸易

由于加工贸易在发达国家中的地位并不显著，很多国家并没有对加工贸易与一般贸易进行区别统计，国外也很少有文献对加工贸易在国民经济中的作用进行较为深入系统的研究。中国许多研究者在这方面进行了较多有益的尝试性研究，虽然由于使用的方法、选择的变量、涵盖的样本时期都不尽相同，但基本上都证明了一个相同的观点，即一般进口、出口贸易以及加工贸易出口与经济增长都有正相关关系，同时，一般贸易出口对经济增长的促进作用明显要大于加工贸易出口。

黄斌全、熊启泉（2010）基于1981~2008年中国加工贸易与经济增长数据的长期动态关系的实证研究，不仅发现加工贸易对经济增长具有较大的促进作用，而且也发现经济增长对加工贸易规模扩张的贡献较小，且存在着初期效应较强与后期效应较弱的现象，并指出经济增长引致要素禀赋结构升级，从而会逐渐弱化中国加工贸易在全球价值链中的位置。刘志忠、王耀中（2003）在凯恩斯模型基础上进行实证研究，得到1992～2002年中国加工贸易对经济增长的年均贡献度为7.04%，年均拉动度为0.5%。孙楚仁、沈玉良和赵红军（2004）采用因果分析法、支出法和联立方程组法对中国加工贸易和其他贸易对经济增长的贡献进行了计量分析，分析结果显示，1981～2004年，加工贸易和其他贸易出口对经济增长的贡献为正。但分阶段来说，1981～1991年，加工贸易没有其他贸易对经济增长的贡献大，而1992～2004年加工贸易对经济增长的贡献要比其他贸易对经济增长的贡献大，并认为这符合中国对外贸易政策的阶段性特征和经济发展的阶段性特征。闫国庆和陈丽静（2005）基于1991～2003年的数据，综合运用加工贸易增值系数、加工贸易对中国GDP的拉动度及线性回归分析等方法，对于加工贸易对中国经济增长的作用做了实证分析，结果显示，中国加工贸易每增长1个百分点，GDP增长0.761个百分点，其中加工贸易出口的贡献率为47%，加工贸易进口的贡献率为53%。黄菁、赖明勇（2005）通过协整分析和Granger因果关系检验得出加工贸易的发展显著带动了中国的经济增长的结论，加工贸易的产出弹性为0.29%。朱启荣、贺桂欣（2006）采用线性回归的方法，从进口和出口两个角度，实证分析一般贸易和加工贸易对中国经济增长的影响，发现一般贸易出口和进口的增长促进了中国经济增长，但前者对经济增长的贡献大于后者。虽然加工贸易出口对促进经济增长有一定贡献，但与一般贸易相比，其对经济增长的贡献较小，同时，加工贸易进口的增长还对经济的增长产生了明显的负面影响。具体来说，一般贸易出口的产出弹性为 0.542，一般贸易进口的产出弹性为 0.422，加工贸易出口的产出弹性为 0.274。

以上中国学者对加工贸易、一般贸易与经济增长数量关系的研究表明，加工贸易和一般贸易对中国经济增长发挥了积极的促进作用，但是加工贸易出口对经济增长的拉动作用仍然低于一般贸易出口。黄斌全、熊启泉（2010）得出"经济增长对加工贸易规模增长的贡献较小，且存在着初期效应明显与后期效应弱化的现象"的结论，甚至指出了加工贸易在中国经济发展中的阶段性特征，即随着中国的经济增长、要素禀赋结构的变化，加工贸易在国民经济中的地位也将弱化。但是，这些研究对于加工贸易在不同阶段特别是目前阶段的作用，以及不同阶段与一般贸易的关系，并未给予特别的关注和回答。而且由于模型的选择和变量的选择存在一定的随意性，对加工贸易和一般贸易与经济增长之间数量关系的估计显得不够精准，导致不同文献的产出弹性系数千差万别，需要进一步给予更加深入和完整的研究与计量。

3. 外贸乘数测算：一般贸易出口乘数大于加工贸易

上述相关文献的研究更多是侧重了加工贸易出口、一般贸易出口总量与经济增长的相关关系，这样一种总量的研究方法带来的问题是，在经济发展的不同阶段，加工贸易、一般贸易与经济增长的相关系数将是呈现结构性变化，从而可以用来衡量加工贸易在中国经济发展中的地位变化情况，却不可以测算单位加工贸易出口与单位一般贸易出口对经济增长的影响。基于研究的目的，我们试图在测算对外贸易出口乘数的基础上，考察加工贸易增值系数的变化情况，从而测算单位加工贸易出口对经济增长的拉动作用。

作为凯恩斯的追随者，马克卢普（F. Machlup，1943）和哈罗德（R. F. Harrod，1948）等人最早将凯恩斯的投资乘数理论推广到开放经济领域，建立了"外贸乘数"理论。外贸乘数理论阐述了贸易收支与国民收入相互作用的机制，乘数大小则描述了对外贸易变化对一国国民收入的影响程度。在开放条件下，如果 Y、C、I、G、X、M 分别表示一国国民收入、消费、投资、政府支出、出口和进口，则一国国民收入的恒等式可以表达如下：

$$Y = G + I + G + X - M \qquad (5-1)$$

对式（5-1）取增量，可表达为：

$$\Delta Y = \Delta G + \Delta I + \Delta G + \Delta X - \Delta M \qquad (5-2)$$

并用 MPC 代表边际消费倾向，MPI 代表边际进口倾向，则有

$$\Delta G = MPC \cdot \Delta Y \qquad (5-3)$$

$$\Delta M = MPI \cdot \Delta Y \qquad (5-4)$$

将式（5-3）和式（5-4）替换进式（5-2），并经代数变换可得：

$$\Delta Y = \frac{1}{1 - MPC + MPI}(\Delta I + \Delta G + \Delta X) \qquad (5-5)$$

式（5-5）中的即为外贸出口乘数，我们用 K 来表示。

尽管外贸出口乘数表达式是一般表达形式，没有考虑税收状况，但由于中国有关最终消费的统计数据基本内涵地反映了税收的影响，因此我们仍然采用这一表达式测算中国的外贸出口乘数。同时，为了区分加工贸易和一般贸易，我们分别测算包含加工贸易进口的外贸出口乘数和不包含加工贸易的外贸出口乘数，表5-1就显示了中国自1982~2012年的这两类外贸出口乘数。从理论来说，边际消费倾向和边际进口倾向应分别使用消费、进口和国民收入的增量数据进行测算，但是由于现实中影响数据变化的因素极为复杂，使用增量数据极易受到其他因素的干扰而使得乘数出现奇异数值而不能用，因此，测算中我们仍然通过计算各年的平均消费倾向和平均进口倾向分别代替边际消费倾向和边际进口倾向。

表 5-1　1981~2012 年中国外贸出口乘数

单位：亿元

年份	Y	G	M_1	M_2	MPC	MPI_1	MPI_2	K_1	K_2
1981	4891.56	3361.50	367.70	340.98	0.687	0.075	0.070	2.578	2.614
1982	5323.35	3714.80	357.50	352.19	0.698	0.067	0.066	2.708	2.715
1983	5962.65	4126.40	421.80	377.33	0.692	0.071	0.063	2.641	2.694
1984	7208.05	4846.30	620.50	551.13	0.672	0.086	0.076	2.417	2.475
1985	9016.04	5986.30	1257.80	1132.29	0.664	0.140	0.126	2.103	2.166
1986	10275.18	6821.80	1498.30	1266.86	0.664	0.146	0.123	2.075	2.177
1987	12058.62	7804.60	1614.20	1234.88	0.647	0.134	0.102	2.055	2.197
1988	15042.82	9839.50	2055.10	1492.88	0.654	0.137	0.099	2.072	2.246
1989	16992.32	11164.20	2199.90	1553.66	0.657	0.129	0.091	2.117	2.302
1990	18667.82	12090.50	2574.30	1676.97	0.648	0.138	0.090	2.040	2.262
1991	21781.50	14091.90	3398.70	2066.28	0.647	0.156	0.095	1.964	2.233

续表

年份	Y	G	M_1	M_2	MPC	MPI_1	MPI_2	K_1	K_2
1992	26923.48	17203.30	4443.30	2704.00	0.639	0.165	0.100	1.901	2.167
1993	35333.92	21899.90	5986.20	3890.56	0.620	0.169	0.110	1.819	2.040
1994	48197.86	29242.20	9960.10	5860.18	0.607	0.207	0.122	1.667	1.942
1995	60793.73	36748.20	11048.10	6173.62	0.604	0.182	0.102	1.732	2.012
1996	71176.59	43919.50	11557.40	6380.15	0.617	0.162	0.090	1.834	2.116
1997	78973.04	48140.60	11806.50	5986.56	0.610	0.150	0.076	1.852	2.145
1998	84402.28	51588.20	11626.10	5946.72	0.611	0.138	0.070	1.899	2.178
1999	89677.05	55636.90	13736.40	7645.39	0.620	0.153	0.085	1.877	2.151
2000	99214.55	61516.00	18638.80	10976.48	0.620	0.188	0.111	1.761	2.038
2001	109655.17	66933.90	20159.20	12380.97	0.610	0.184	0.113	1.744	1.990
2002	120332.69	71816.50	24430.30	14315.72	0.597	0.203	0.119	1.650	1.915
2003	135822.76	77685.50	34195.60	20712.04	0.572	0.252	0.152	1.471	1.723
2004	159878.34	87552.60	46435.80	28086.63	0.548	0.290	0.176	1.346	1.592
2005	184937.37	99357.50	54273.70	31825.98	0.537	0.293	0.172	1.322	1.575
2006	216314.43	113103.80	63376.86	37747.52	0.523	0.293	0.175	1.299	1.535
2007	265810.31	132232.90	73300.10	45286.96	0.497	0.276	0.170	1.285	1.486
2008	314045.43	153422.50	79526.53	53246.27	0.489	0.253	0.170	1.308	1.468
2009	340902.81	169274.80	68618.37	46599.46	0.497	0.201	0.137	1.419	1.562
2010	401512.80	194115.00	94699.30	66441.38	0.483	0.236	0.165	1.329	1.466
2011	473104.00	228561.30	113161.40	82817.95	0.483	0.239	0.175	1.323	1.445
2012	518942.00	259599.64	114795.30	84421.44	0.500	0.221	0.163	1.387	1.510

　　注：M_1 和 MPI_1 分别表示包含了加工贸易进口的进口总额和边际进口倾向，M_2 和 MPI_2 分别表示不包含加工贸易进口的进口总额和边际进口倾向。

　　资料来源：中经网统计数据库。

　　从表 5-1 中不难看出，K_1 和 K_2 的取值为区间（1，3），前者的均值为 1.812，后者的均值为 2.00。但是，总体来看，

1981 年以来，两类外贸出口乘数都是呈现下降趋势。这主要是由边际消费倾向下降和边际进口倾向上升所导致的，其中，MPC 由 1981 年的 0.687 下降到 2012 年的 0.500，而同期 MPI_1 和 MPI_2 却分别由 0.075 和 0.070 上升到 0.221 和 0.163。2000~2012 年，K_1 和 K_2 的平均值分别只有 1.434 和 1.639。

外贸出口乘数除了受边际消费倾向和边际进口倾向的趋势性影响外，还受经济增长状况的影响。而在资源处于非充分就业状态时，消费于投资等活动相对稳定，进口相对减少，从而边际消费倾向升高而边际进口倾向降低，外贸出口乘数将相应变大。我们分别对 GDP 增长率、K_1 和 K_2 进行了 H－P 滤波处理，并将各自的周期性分量绘制在了图 5－1 中。从图 5－1 不难看出，两类外贸乘数和 GDP 增长率的变化总体呈现一种负

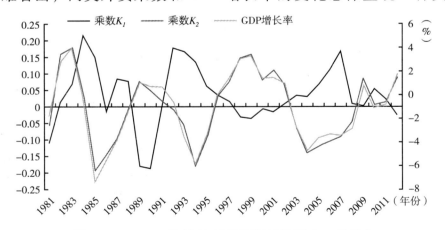

图 5－1　H－P 滤波处理后周期性外贸出口乘数与
周期性经济增长率的关系

资料来源：中经网统计数据库。

相关关系，即当 GDP 增长率高于自身趋势值较高（图 5-1 中周期性分量较大）时，外贸出口乘数将更多地低于自身趋势值（图 5-1 中对应周期性分量较小）。事实上，通过 Eviews 软件分别就 GDP 增长率与外贸出口乘数 K_1 和 K_2 作相关性分析，两类相关系数都在 -0.4 以上，也证实了外贸出口乘数与经济增长呈现一定的负相关关系。

尽管按照外贸出口乘数效应成立的条件，只有在经济处于非充分就业时，外贸出口才能通过乘数效应有效拉动国内需求，从而促进经济增长。由于中国是发展中国家，在过去发展的历程中，外来投资旺盛，本国劳动力供给充足，外贸出口更易于通过乘数效应促进经济增长。因此，虽然我们计算乘数的计算过程是高度简化的，实际数值可能会小于理论数值，但是中国外贸出口的乘数效应较之于发达国家更具有发挥的空间。

4. 增长效应：一般贸易出口贡献度大于加工贸易

表 5-1 表明，包含加工贸易进口的外贸出口乘数 K_1 要大于不包含加工贸易进口的外贸出口乘数 K_2。由于加工贸易进口是与加工贸易出口紧密联系的，与国民经济的投资和消费等活动并无密切联系，因此，对于一般贸易出口，它的外贸出口乘数应是乘数 K_2。那么，是否加工贸易出口的外贸出口乘数就是 K_1 了呢？不是。因为外贸出口乘数的内涵是，外贸出口的增加促进了国内投资和消费活动的增加，从而国民经济总量增加，继而引致了进口的增加。但是，加工贸易进口形成和增加的机制并不符合这一逻辑，它并不是由国内

投资和消费活动引致的，而是直接由加工贸易出口引致的，即加工贸易出口产品中包含了加工贸易进口产品，只有剩余的产品部分才对国内投资和消费活动产生影响。因此，计算一般贸易出口和加工贸易出口对经济的影响应该采用不同的口径，即一般贸易出口直接乘以外贸出口乘数 K_2 就可以测算出单位一般贸易出口对经济的影响，而加工贸易出口应该减去加工贸易进口再乘以外贸出口乘数 K_2 才可以测算出单位加工贸易出口对经济的影响，并在此基础上测算一般贸易出口与加工贸易出口对经济增长的贡献度。用公式可以表述如下：

单位一般贸易出口带来的国民收入增加额 = 外贸出口乘数 K_2 ×
单位一般贸易出口
单位加工贸易出口带来的国民收入增加额 = 外贸出口乘数 K_2 ×
单位加工贸易出口（1 − 1/ 增值系数）
一般贸易出口经济增长贡献率 =（当年一般贸易出口 ×
单位一般贸易出口带来的国民收入增加额）/ 当年国民收入总增加额
加工贸易出口经济增长贡献率 =（当年加工贸易出口 ×
单位加工贸易出口带来的国民收入增加额）/ 当年国民收入总增加额

其中：增值系数 = 当年加工贸易出口额/当年加工贸易进口额

根据以上论述，我们计算了加工贸易增值系数以及经此系数调整后的加工贸易出口乘数 K_3（见表 5 − 2），并测算了一般贸易出口、加工贸易出口对经济增长的影响情况（见表 5 − 3）。

表 5 - 2　1981～2012 年中国加工贸易增值系数

年份	加工贸易出口额 （亿美元）	加工贸易进口额 （亿美元）	加工贸易增值系数	加工贸易出口乘数（K_3）
1981	11.31	15.04	0.75	- 0.87
1982	0.53	2.76	0.19	- 11.57
1983	19.44	22.72	0.86	- 0.44
1984	29.29	31.47	0.93	- 0.19
1985	33.16	42.74	0.78	- 0.61
1986	56.20	67.03	0.84	- 0.41
1987	89.94	101.91	0.88	- 0.30
1988	140.60	151.05	0.93	- 0.17
1989	197.85	171.64	1.15	0.30
1990	254.20	187.60	1.36	0.60
1991	324.30	250.30	1.30	0.52
1992	396.20	315.40	1.26	0.45
1993	442.50	363.70	1.22	0.37
1994	569.80	475.70	1.20	0.32
1995	737.00	583.70	1.26	0.42
1996	843.30	622.70	1.35	0.55
1997	996.02	702.06	1.42	0.63
1998	1044.54	685.99	1.52	0.75
1999	1108.82	735.78	1.51	0.73
2000	1376.52	925.58	1.49	0.67
2001	1474.33	939.74	1.57	0.72
2002	1799.28	1222.01	1.47	0.61
2003	2418.51	1629.04	1.48	0.56
2004	3279.70	2216.94	1.48	0.52
2005	4164.80	2740.30	1.52	0.54
2006	5103.80	3215.00	1.59	0.57
2007	6176.50	3684.00	1.68	0.60
2008	6751.80	3784.00	1.78	0.64
2009	5869.81	3223.38	1.82	0.70
2010	7403.30	4174.30	1.77	0.64
2011	8354.00	4698.00	1.78	0.63
2012	8627.80	4811.70	1.79	0.67

资料来源：根据中经网统计数据库有关数据整理计算。

表 5-3　1982~2012 年中国贸易出口经济增长贡献度

年份	GDP 增加额 （亿元）	一般贸易出口 GDP 贡献额 （亿元）	加工贸易出口 GDP 贡献额 （亿元）	一般贸易出口 贡献度 （%）	加工贸易出口 贡献度 （%）
1982	431.79	159.15	6.34	36.86	1.47
1983	639.30	-90.52	-5.73	-14.16	-0.90
1984	1245.40	287.02	4.00	23.05	0.32
1985	1807.99	403.52	-50.53	22.32	-2.79
1986	1259.14	369.27	-20.16	29.33	-1.60
1987	1783.44	520.39	-15.73	29.18	-0.88
1988	2984.20	249.04	12.71	8.35	0.43
1989	1949.50	-60.45	316.71	-3.10	16.25
1990	1675.50	1149.45	497.36	68.60	29.68
1991	3113.68	743.86	168.29	23.89	5.40
1992	5141.98	822.45	111.94	15.99	2.18
1993	8410.44	164.03	17.27	1.95	0.21
1994	12863.94	5469.62	693.24	42.52	5.39
1995	12595.87	1316.73	944.01	10.45	7.49
1996	10382.86	-1556.24	1172.06	-14.99	11.29
1997	7796.45	2658.18	1292.91	34.09	16.58
1998	5429.24	-692.38	1157.83	-12.75	21.33
1999	5274.77	871.25	257.40	16.52	4.88
2000	9537.50	4394.48	1314.36	46.08	13.78
2001	10440.62	1100.64	1376.56	10.54	13.18
2002	10677.52	3852.61	676.50	36.08	6.34
2003	15490.07	6538.36	3026.24	42.21	19.54
2004	24055.58	8112.56	3600.80	33.72	14.97
2005	25059.03	8896.43	4524.70	35.50	18.06
2006	31377.06	11323.65	5200.67	36.09	16.57
2007	49495.88	11538.85	5789.21	23.31	11.70
2008	48235.12	7433.66	2434.97	15.41	5.05
2009	26857.38	-15345.45	-3957.96	-57.14	-14.74
2010	60609.99	18467.39	5542.88	30.47	9.15
2011	71591.20	15093.29	2535.48	21.08	3.54
2012	45838.00	4730.43	718.40	10.32	1.57

资料来源：根据中经网统计数据库有关数据整理计算。

从表 5 - 2 不难看出，1988 年以前，加工贸易出口是小于加工贸易进口的，这主要是在改革开放初期，中国加工贸易需要进口大量的来料加工装配设备，从而导致加工贸易的进口额大于出口额，加工贸易增值系数小于 1。但自 1989 年起，中国加工贸易出口开始大于加工贸易进口，加工贸易增值系数开始大于 1 并持续增加，2012 年达到 1.79。相应的，经加工贸易增值系数调整的加工贸易出口乘数 K_3，1988 年以前为负值，1989 年以后转为正值，但却远远小于一般贸易出口乘数 K_2。2012 年 K_3 只有 0.67，而一般贸易出口乘数 K_2 为 1.51。图 5 - 3 反映了一般贸易出口乘数 K_2 和加工贸易出口乘数 K_3 的变化对比情况。两种乘数之间的差距呈现缩小趋势，即加工贸易出口引致的加工贸易进口所占的比重越来越小，加工贸易出口产品中来自国内的中间产品或劳务的比重越来越大。尽管如此，二者之间的绝对差距仍然较大，一直维持在 0.80 以上。

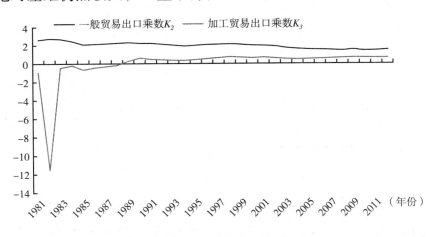

图 5 - 2　一般贸易出口乘数 K_2 和加工贸易出口乘数 K_3 的变化状况

表5-3则显示，如果乘数效应能够充分发挥，1982~
2012年一般贸易出口对经济增长的平均贡献度达19.41%，加
工贸易出口对经济增长的平均贡献度只有7.59%。2000年以
来，尽管加工贸易出口对经济增长的平均贡献度增加到
9.13%，但一般贸易出口对经济增长的平均贡献度也增加至
21.82%，一般贸易出口对经济增长的贡献度仍然明显高于加
工贸易出口。特别需要指出的是，2010年以来，一般贸易出
口和加工贸易出口对经济增长的贡献度都明显下降，但加工贸
易出口的贡献度相对下滑却更为剧烈。2012年，一般贸易出
口对经济增长的贡献度下滑至10.32%，加工贸易出口对经济
增长的贡献度则下滑至1.57%。

以上分析表明，不仅单位加工贸易出口对经济增长的拉动
作用明显小于单位一般贸易出口，而且总量加工贸易出口对经
济增长的拉动作用也明显小于总量一般贸易出口，因此，通过
促进一般贸易出口而非加工贸易出口来充分发挥外部需求对中
国经济的带动作用是外贸政策着重考虑的主要方面。

三 贸易顺差对人民币汇率波动的影响

1. 加工贸易是国际收支顺差的最大影响因素

由于改革开放和全球一体化的进程，中国吸引了大量的
外商直接投资，特别是制造业的"绿地投资"，从而日益融
入全球生产分工体系，使得加工贸易成为中国外贸的主要形
式。同时，伴随着加工贸易的发展，中国贸易收支状况持续

改善，顺差规模日益增大。1990 年以后，除了 1993 年出现了贸易逆差外，其他年份全部都是贸易顺差，而加工贸易收支更是从 1989 年以来就一直保持着顺差。特别是 2009 年以来，一般贸易收支连续出现 4 年逆差，加工贸易顺差除了 2009 年略微下降外，其他年份仍然保持着一定的增速。2012 年，贸易收支总顺差为 23085.70 亿元，加工贸易收支顺差就达 24089.13 亿元（见表 5 - 4）。因此，中国贸易顺差主要得益于加工贸易，加工贸易为改善中国贸易收支状况起到了关键的作用。

表 5 - 4　1981~2012 年中国贸易收支状况

单位：亿元

年份	一般贸易收支差额	加工贸易收支差额	其他贸易收支差额	贸易收支总差额
1981	7.71	- 6.63	- 1.08	0.00
1982	64.68	- 4.29	- 2.23	58.15
1983	27.25	- 6.42	- 4.38	16.44
1984	- 15.14	- 4.81	- 8.05	- 27.99
1985	- 397.67	- 28.13	- 11.75	- 437.55
1986	- 349.15	- 37.39	- 26.41	- 412.95
1987	32.42	- 44.55	- 128.19	- 140.32
1988	- 96.10	- 38.90	- 153.46	- 288.46
1989	- 152.94	98.68	- 194.24	- 248.50
1990	442.92	318.56	- 343.43	418.05
1991	456.74	393.92	- 418.41	432.25
1992	554.77	445.58	- 760.46	239.89
1993	296.74	454.05	- 1454.33	- 703.54
1994	2244.31	811.02	- 2589.92	465.41
1995	2338.28	1280.21	- 2223.87	1394.62

续表

年份	一般贸易收支差额	加工贸易收支差额	其他贸易收支差额	贸易收支总差额
1996	1952.17	1834.11	-2770.29	1016.00
1997	3228.38	2436.87	-2314.51	3350.74
1998	2529.68	2968.47	-1898.89	3599.26
1999	1001.26	3088.14	-1669.48	2419.91
2000	422.36	3733.06	-2159.59	1995.84
2001	-130.36	4424.80	-2428.47	1865.97
2002	585.68	4778.06	-2845.38	2518.36
2003	-464.92	6534.44	-3954.50	2115.02
2004	-375.68	8796.25	-5764.54	2656.03
2005	2897.57	11669.08	65.04	14631.69
2006	6627.75	15057.14	50.14	21735.03
2007	8358.93	18952.97	154.13	27466.03
2008	6244.13	20611.67	268.15	27123.95
2009	-279.11	18077.76	515.95	18314.59
2010	-3198.25	21858.72	906.17	19566.63
2011	-5834.88	23613.37	958.36	18736.85
2012	-2134.38	24089.13	1130.95	23085.70

资料来源：根据中经网统计数据库有关数据整理计算。

加工贸易顺差之所以持续扩大，也与加工贸易进出口规模的增长和变化密切相关。1981年，加工贸易进出口规模占全部贸易进出口的比重只有5.99%，1996年就达到了50.57%，2005年达到最高点53.64%，此后则呈现下降趋势，2012年下降到39.80%（见表5-5）。这些数据表明，改革开放后，加工贸易在中国对外贸易中的地位日益重要，但近些年随着国内外环境和条件的变化，加工贸易的地位有削弱之势。

表 5 - 5 1981 ~ 2012 年中国不同贸易方式进出口所占的比重

单位：%

年份	一般贸易进出口比重	加工贸易进出口比重	其他贸易进出口比重
1981	93.52	5.99	0.50
1982	98.83	0.79	0.38
1983	89.24	9.67	1.09
1984	87.79	11.35	0.86
1985	87.65	10.91	1.45
1986	81.67	16.69	1.65
1987	70.68	23.21	6.11
1988	65.99	28.37	5.64
1989	60.14	33.08	6.77
1990	53.41	38.27	8.32
1991	49.86	42.34	7.80
1992	46.70	42.99	10.31
1993	41.52	41.19	17.29
1994	41.03	44.18	14.79
1995	40.85	47.02	12.12
1996	35.26	50.57	14.17
1997	35.98	52.22	11.79
1998	36.40	53.42	10.18
1999	40.53	51.15	8.32
2000	43.28	48.54	8.19
2001	44.21	47.37	8.42
2002	42.74	48.67	8.59
2003	43.45	47.57	8.99
2004	42.59	47.61	9.80
2005	46.21	53.64	0.15
2006	47.33	52.54	0.13
2007	49.42	50.38	0.19
2008	53.82	45.91	0.27
2009	53.62	45.84	0.54
2010	55.89	43.46	0.65
2011	59.23	40.17	0.60
2012	59.52	39.80	0.69

资料来源：根据中经网统计数据库有关数据整理计算。

2. 国际收支顺差是人民币升值的原动力

加工贸易规模的扩大会带来巨额顺差。不仅如此，由于加工贸易中外商直接投资企业占有比重很大，这类外商直接投资也会带来较大规模的收支顺差，这种"双顺差"的累积将加重人民币升值压力。我们这里构建计量模型来测量加工贸易对人民币汇率波动的影响。

影响汇率的因素包括两国间劳动生产率的变化、利率差异和国际收支状况。基于此，我们以中美两国间经济增长率差异、短期利率差异、国际收支顺差（贸易顺差和外商直接投资）为自变量，人民币兑美元实际汇率为因变量。由于中国自 2005 年 7 月 21 日才开始实行以市场供求为基础、参考一篮子货币进行调节的人民币汇率形成机制改革，因此，我们选择的样本期为 2005 年第 3 季度至 2013 年第 2 季度，频率为季度。其中，人民币兑美元名义汇率、中美物价水平指数、中美经济增长率、中美短期利率水平等数据来源于经济组织统计数据库，贸易顺差和外商直接投资数据来源于中经网统计数据库。其中，国际收支顺差采用的是对数形式。回归结果如表 5 - 6 所示。

表 5 - 6　人民币汇率对国际收支顺差的回归结果

变量	系数	标准差	t 统计值	伴随概率
常数项	9.1642	0.7278	12.5912	0.0000
相对经济增长率	- 0.0347	0.0275	- 1.2617	0.2178
相对短期利率	- 0.2972	0.0214	- 13.8889	0.0000
国际收支顺差	- 0.2525	0.1065	- 2.3715	0.0251
样本决定系数	0.9322	赤池信息系数		- 0.0548
修正样本决定系数	0.9247	施瓦茨信息标准		0.1303
F 统计值	123.8170	D - W 统计值		1.0488

　　表5-6显示，人民币兑美元实际汇率受中美相对经济增长率、中美相对短期利率、中国国际收支顺差的影响。估计方程的样本决定系数和修正样本决定系数都到了0.9以上。根据方程变量系数的 t 统计值，相对经济增长率对人民币兑美元实际汇率的影响在统计上并不很显著，中美相对短期利率、中国国际收支顺差对人民币兑美元实际汇率的影响却至少在5%的水平上显著。根据回归结果，中美相对短期利率每相差1个百分点，人民币兑美元将实际升值超过0.29个百分点，中国国际收支顺差每增加1%，人民币兑美元将实际升值超过0.25个百分点。实际上，自汇改以来，人民币兑美元名义汇率已经从2005年7月20日的8.277升值到2013年第2季度的6.205，升值幅度超过25%，同期人民币兑美元实际汇率升值幅度更是超过30%（见图5-3）。其中，人民币利率相对美元明显上升起到了重要作用，但中国持续维持

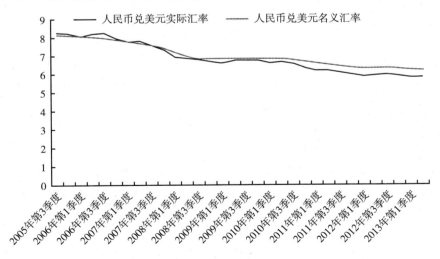

图5-3　人民币实际汇率和人民币名义汇率变化走势

巨额贸易顺差，以及大量流入的外商直接投资，则起到更为根本的作用。进一步，加工贸易以及为从事加工贸易而流入的外商直接投资导致的国际收支顺差，无疑在其中发挥了主要的作用。

四　人民币升值对一般贸易出口的抑制作用

贸易顺差和外商直接投资带来的国际收支顺差不仅会对人民币汇率产生影响，而且会进一步抑制出口贸易，特别是一般贸易出口增长。一般情况下，影响一般贸易出口因素主要包括国外经济增长、国内劳动力成本、一国汇率水平等，因此，我们试图以中国一般贸易出口为因变量，世界贸易进口规模、国内劳动力平均报酬、人民币兑美元实际汇率为自变量，构建多元回归模型。其中，中国一般贸易出口、世界贸易进口额和国内劳动力平均报酬都采取同比增长率的形式。我们选择的样本期仍为 2005 年第 3 季度至 2013 年第 2 季度，频率为季度。其中世界贸易进口数据来源于世界贸易组织网站（http：//www. wto. org），中国一般贸易出口、国内劳动力平均报酬等数据来源于中经网统计数据库。首先以包含有常数项的模型进行回归，但发现估计常数项 t 统计值和国内劳动力平均报酬估计系数 t 统计值都过小，而不具有显著的统计意义。因此，我们最终选择不包含常数项，仅包含二元世界贸易进出口额和人民币兑美元实际汇率两个自变量的模型进行回归分析。用 Eviews 6. 0 进行的回归结果如表 5－7 所示。

表 5 - 7　一般贸易出口人民币汇率的回归结果

变量	系数	标准差	t 统计值	伴随概率
人民币兑美元实际汇率	1.4204	0.2057	6.9050	0.0000
世界贸易进口额	1.0543	0.0917	11.4959	0.0000
样本决定系数	0.8255		赤池信息系数	6.9221
修正样本决定系数	0.8197		施瓦茨信息标准	7.0137
			D - W 统计值	1.1751

表 5 - 7 显示，中国一般贸易出口主要受世界贸易进口额和人民币兑美元实际汇率的影响。估计方程的决定系数和修正样本决定系数都达到了 0.80 以上。其中，中国一般贸易出口受到世界贸易进口额变化的影响较大，世界贸易进口额增速每提高 1 个百分点，一般贸易出口都将提高 1.0543 个百分点。一般贸易出口也受到人民币兑美元实际汇率的影响，不过这种影响相对较小，人民币兑美元实际汇率每下降 10000 个基点时，一般贸易出口才减少 1.4204 个百分点。尽管如此，2005 年第 3 季度至 2013 年第 2 季度，人民币兑美元实际汇率已经下降了 34800 个基点，而前三季度中国一般贸易出口增速也只有 7.8%，从这个角度看，长期人民币兑美元实际升值仍然会对一般贸易出口产生重大影响，从而对经济增长也将产生抑制作用。

五　推进贸易方式结构调整的政策建议

以上部分的分析表明，加工贸易顺差以及主要为从事加工贸易而流入的外商直接投资形成的国际收支顺差，将长期推动人民币升值，而人民币的升值则将进一步使得中国一般贸易出口受到损害。关于加工贸易出口和一般贸易出口的贸易乘数还表明，单位一般贸易出口要比单位加工贸易出口对经济增长的带动作用更为显著。根据这种逻辑，在劳动力和土地等要素资源的供给条件发生变化，不再是接近无限的供给状态甚至出现结构性短缺时，加工贸易带给中国的资源充分就业的好处便越来越少，而带来的顺差过大、贸易争端上升、人民币升值抑制经济增长等问题越来越突出，从而那些鼓励加工贸易的贸易战略和相关优惠政策就需要重新审视并尽快加以调整，以矫正扭曲的贸易结构和减轻国际收支失衡的程度，促进中国经济的平稳运行。

1. 消除加工贸易过度优惠政策，鼓励进口，避免更大程度的资源误配和结构失衡

加工贸易对中国融入全球分工体系，帮助中国迅速完成资本初始积累和促进消费能力的提升等，都作出了不可磨灭的功绩。在新的增长阶段，劳动力等要素资源成本的逐渐趋紧，中国经济规模的增长，使得就业已不是中国最为紧迫的问题；相反，外商直接投资的持续流入和加工贸易巨额顺差的累积，已经对中国独立的货币政策形成了威胁，并造成了人民币持续升值，对中国一般贸易的发展和经济增长起到了一定的抑制作用。因此，中国当前应采取措施取消过度的加工贸易优惠政策，特别是取消对外商投资的优惠政策，减少外资和加工贸易顺差的过多流入，并适度扩大进口，消解过多的外汇储备，避免要素资源的误配和结构失衡的加剧。

2. 调整外商投资优惠政策，鼓励其延长加工贸易产业链和提升加工贸易价值链

加工贸易对中国经济的影响深远，贸然取消和限制加工贸易的发展会对就业和经济稳定产生过大影响，应采取措施激励其转型升级，而不是盲目外延式扩张。2012 年，在加工贸易总额中，外商投资企业加工贸易额就占了 81.7%。外商投资加工贸易企业对于加工贸易的发展质量起着重要的作用，改变和引导它们的投资行为，将有力地促进加工贸易的转型升级。具体来说，要促进外商投资加工贸易在中国的产业链延伸，提升加工贸易的价值链，减少仅在中国大陆开设最终组装工厂的企业数量，鼓励企业将前期研发、物流以及后期营销放在中国大陆进行，提升加工贸易企业技术扩散的潜力。

3. 取消外资的超国民待遇，营造公平竞争环境，增强内资企业加工贸易的竞争能力

多年来中国对外资实行了超国民待遇，导致外资加工贸易蓬勃发展，但内资企业却受到抑制，致使内资企业加工贸易占比偏低。外资加工贸易企业缺少转型升级、打造自主品牌的意愿，导致总体加工贸易的层次偏低。因此，逐步取消外资的超国民待遇，将不仅能够使得资源配置更加有效，避免加工贸易耗占过多的资源，而且能够逐渐提高内资企业从事加工贸易的比重，从而使得加工贸易的技术进步和升级换代成为可能。在内资企业加工贸易的发展中，要特别重视民营企业的发展，并且要适用国家和地方制定的民营企业鼓励发展政策，争取民营企业在从事加工贸易的活动中涌现一批高端加工贸易企业和自主品牌加工贸易企业。

4. 提升加工贸易的增值率，提高原材料国内采购比重

加工贸易的典型特点是"两头在外"，在这种模式下，大多数原材料与零部件都来自国际市场，产成品又回到国际市场上去，在国内只进行简单的加工装配，增值率较低，因而加工贸易与国内其他产业缺乏关联性，对原材料等基础产业和仓储物流产业的带动作用较小。继续加大鼓励原材料及零部件国内采购和限制国外采购的政策力度，提高加工贸易的本地采购率和加工深度，特别是国内能解决的原材料和零部件从国外进口不再享受减免关税待遇，只有采购国内零部件和原材料在质量上和价格上不能满足加工贸易的要求时，才遵照原来的办法办理。

5. 鼓励自主品牌代工企业的发展，向海外扩大投资从事加工贸易

中国加工贸易取得了巨大成功，但随着劳动力等要素成本的上升，加工贸易所具有的比较优势也将逐渐丧失。同时，中国加工贸易企业众多，在加工贸易领域具有丰富的管理经验和较高的经营水平，如果能够采取措施鼓励培育一批世界知名的代工企业，将不仅能够增强中国在当前世界加工贸易领域的话语权，争取更多的利益，而且能够逐渐"走出去"，在海外投资办厂，充分利用世界的要素资源，获取更长期、更丰厚的投资收益。因此，鼓励内资加工贸易企业建立世界代工营销体系，打造世界知名代工企业品牌，也是推动中国加工贸易转型升级的一个重要内容。

参考文献

黄斌全、熊启泉：《加工贸易与经济增长互动发展的机理——基于中国 1981～2008 年数据的实证研究》，《国际经贸探索》2010 年第 10 期。

黄菁、赖明勇：《加工贸易与中国经济增长的经验研究》，《云南财贸学院学报》2005 年第 5 期。

刘志忠、王耀中：《加工贸易对我国经济增长作用的实证研究》，《财经理论与实践》2003 年第 6 期。

孙楚仁、沈玉良、赵红军：《加工贸易和其他贸易对经济增长贡献率的估计》，《世界经济研究》2006 年第 3 期。

闫国庆、陈丽静：《加工贸易对我国经济增长作用的实证分析》，《国际经贸探索》2005 年第 3 期。

朱启荣、贺桂欣：《一般贸易与加工贸易对我国经济增长影响的比较分析》，《对外经济贸易大学学报》2006 年第 6 期。

第六章
流动性过剩的长期与短期管理

自中国 1994 年 10 月正式向社会公布货币供应量统计数据以来，中国的货币供应量一直保持着较快增长速度。长期的货币快速供给带来了较大的货币规模，到 2013 年中期，中国货币供应量的绝对规模超过 100 万亿元，货币的相对规模（M2/GDP）也超过了 1.8，远高于典型的发达国家与新兴国家。货币的快速供给带来一系列的问题，包括房地产市场泡沫、产能过剩与潜在的通货膨胀压力，并使人们再次审视货币政策的扩张程度。但是，综合国内外的货币与经济增长数据，我们发现货币供给量的超速增长是各国高经济增长阶段的必然现象，正是中国保持较长时期的高速经济增长才使得中国 M2/GDP 指标达到较高水平。目前，中国货币适度宽松的上限尚未达到，管制利率、拉动经济等政策均需要货币适度宽松予以配合，并且在宏观经济景气程度较低时，货币适度宽松对经济泡沫的推动作用也较弱。因此，中国的货币政策需要维持必要的扩张幅度，并在之后随经济增长阶段的变化进行逆向调整。

一 货币存量规模"适度性"及其论争

2008年以来的政策扩张带来一些行业的泡沫和一段时期较高的通货膨胀，使人们更加关注货币规模的适度性问题。2012~2013年，中国的货币规模被认为已经达到较高水平，由此引发了对货币合理规模的激烈争论。但是，货币规模的"适度性"并不存在统一的标准，人们对货币是否适度的判断也莫衷一是。我们认为，货币规模适度性的问题要放在较长的时期进行讨论，每一经济增长阶段需要有与之相匹配的货币规模。

（一）2012~2013年间较大的货币规模

长期以来，中国的货币供应量呈较快增长趋势，货币规模越积越大。虽然货币规模有多个口径，并且理论界对各口径货币增速的适度性均有研究，但是研究通常集中在M1和M2两个口径上，并以M2口径为主。2012年，中国的广义货币M2供给平均为91.5万亿元，M2/GDP平均为1.76；到2013年3月，M2进一步突破100万亿元大关，达到103.6万亿元。中国的M2/GDP指标既高于俄罗斯等新兴经济体，也高于美国等发达国家，与之接近的主要发达经济体仅有日本，其在 2012 年达到 1.72。但日本的经济经历了长期停滞，并伴随着较长时期的量化宽松货币政策，虽然仍处于通货紧缩阶段，其货币规模也应维持在高位。中国经济经历长期高速增长，超过日本的货币相对规模，也是属于高位。虽然 M2/GDP 也被作为衡量金融深化的重要指标，但中国的金融深化程度显然不会大幅高于欧美，因此，中国的货币规模被认为达到较高水平。

这些货币中的大部分处于蛰伏状态。如果剔除机关、团体、部队、企业和事业单位在银行的定期存款、城乡居民储蓄存款、外币存款和信托类存款，即按照 M1 口径测算（见表 6－1），2012 年的货币月平均增速为 4.8%，2013 年前三季度的货币增速虽有大幅度增长，也只有 10.8%，远低于 M2 的增速。较低的 M1 增速使得货币流动效率降低，2012~2013 年的平均 M1/M2 呈下降趋势。

表 6－1　2012~2013 年中国不同口径的货币增速及货币流动效率

时间	M1 增速（%）	M2 增速（%）	M1/M2 平均比率
2012 年	4.8	13.5	0.31
2013 年前三季度	10.8	15.1	0.30

注：M1 和 M2 增速取各月末余额增速的简单算术平均值。

资料来源：中经网统计数据库。

中国较大的货币规模引起人们的忧虑，虽然 M2 月度同比增速在 2012~2013 年的波动区间仅为 12%~16%，与 1996 年至今 12% ~ 30% 的波动区间相比仍处于非常低的水平，并且消费价格指数在 2013 年的多数月份也处于 3% 以下，通货膨胀维持在较低水平，但是货币存量本身也可能带来一系列的经济问题，如房地产市场泡沫、产能过剩与潜在的通货膨胀压力。较为普遍的观点是，高货币存量对应着高房地产泡沫，累积的货币投放使得经济中产能过剩问题更加严重，并且一旦货币存量从银行释放，将带来恶性的通货膨胀。

（二）货币适度性判断

较大的货币规模促使人们反思其适度性，即货币是否超发。就中国而言，这一反思由来已久，2012 ~ 2013 年的货币超发论争在一定程度上是旧问题的延续。早在 20 世纪 90 年代，中国货币供给快速增长与温和通货膨胀并存现象便被麦金农称为"流动性消失之谜"，之后货币快速增长问题又以"流动性过剩"形式出现[1]。但是，对于货币规模是否偏离了适度水平，人们所列举的各个判断标准却未能得出一致的意见。

对货币适度性的分析有多个分析框架，包括货币供求函数和交易方程式[2]，落实到具体的判断标准也是多重的。目前常见的判断标准有以下三个。

一是国民收入标准。这一标准认为，货币发行量应当与

---

①　余永定：《理解流动性过剩》，《国际经济评论》2003 年第 4 期。

②　胡正：《中国超额货币供给研究（1979 - 2009）：理论与实证》，西南财经大学博士学位论文，2011。

流通中的商品价值相称，在货币流通速度相对稳定的前提之下，货币供应量应当与流通中的商品价值同步变动，即与GDP 相似。在实际判断时，又可进一步分为存量标准和流量标准。按照存量标准，货币供应量与 GDP 的比值应当在可比经济体或可比时期的平均水平附近波动，若货币供应量与 GDP 的比值显著高于平均水平，则表明货币超发。按照流量标准，货币供应量的增速应当等于国民收入的增速，若货币供应量的增速显著高于国民收入的增速，则表明货币超发。

二是价格水平标准。这一标准认为，货币发行量应当与货币需求相称，若货币发行量过高，则价格水平上升。因此，若通货膨胀指标上升，则表明货币超发。这一标准也常与局部市场或潜在的通货膨胀压力相联系，如果局部市场（如房地产市场）泡沫显著或者通货膨胀预期增加，那么货币被认为是超发的。

三是经济均衡标准。这一标准认为，货币发行过多时，实体经济会出现失衡，表现为产品过剩或者产能过剩，由于供给高于需求，通货膨胀反而并不明显。

根据这三个标准，对中国货币供应量是否过多的判断是有较大差异的。按照国民收入标准，中国的货币是持续超发的（见图 6-1）。我们从 1991 年开始比较，可以发现货币供应量（M2）的增速在所有年份均高于 GDP 的增速，从而存在货币超发问题。其中，20 世纪 90 年代初和 2009 年的货币超发尤其严重。在 2012 年，货币增速与 GDP 增速的差距已经减小，较大的货币规模主要是之前年份超发的遗留问题。按照价格水平标准，则中国的货币在多数年度不存在超发问题（见图6-2）。其中，较明显的货币超发出现在20世纪90年代初，但2009年因通货膨胀率极低，所以并不存在货币超发。2012年同样由于通货膨胀率降低，不存在货币超发问题。按照经济均衡标准，货币超发的时期与国民收入标准相似（见图6-3）。作为货币超发的结果，产能过剩有较长的滞后期。我们以工业企业利润总额的增速作为产能是否过剩的衡量指标，并假设3~5年的滞后期，可以发现导致工业企业利润总额下降的货币超发时期约为20世纪90年代初和2009年前后。但是由于2012年的货币增速显著低于之前年度，所以当前的产能过剩是之前货币超发的遗留问题，2012年的货币并未超发。

图6-1 1990~2012年货币供应量增速与GDP增速

资料来源：根据中经网统计数据库有关数据整理。

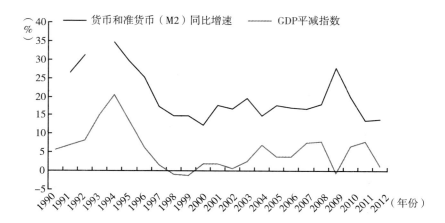

图 6－2　1990～2012 年货币供应量增速与通货膨胀程度

资料来源：根据中经网统计数据库有关数据整理。

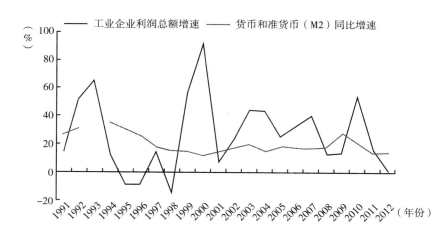

图 6－3　1990～2012 年货币供应量增速与工业企业利润增速

资料来源：根据中经网统计数据库有关数据整理。

（三）货币规模问题要归因于"时期"而非"时点"

我们注意到一个现象，既有的货币规模合理性判断标准都是基于时点的比较，或是时点上的经济增速，或是时点上的价格水平，或是时点上的经济均衡，虽然在选取指标的时候可能采用的是年度、季度或月度的平均值，但这主要是受制于数据的可得性。但是，作为中央银行的负债，过大的货币规模是历年累积的结果，并且从货币规模所带来的影响看，价格泡沫和产能过剩也是累积的问题。因此，对货币规模适度与否的判断需要建立在较长的时期之上，换言之，货币宽松程度的合理性问题需要放在特定经济发展阶段进行考察。

在讨论货币规模时，人们所关注的问题也是较长时期积累的结果。对于房地产价格而言，目前主流意见倾向于含有较多的价格泡沫，但是这一泡沫问题从 21 世纪初讨论至今，如果认定当时的论断正确，那么目前的价格泡沫已经累积多年。与之相似，中国部分行业过剩的产能也是多年累积的结果。当讨论货币规模对这些问题的影响，或者这些问题对货币规模的制约时，仅对某一年份进行分析的意义不大，而应放到较长的时期予以讨论。

二　货币供给较快增长是经济发展阶段的必然现象

中国货币规模存量与增速的合理性需结合中国的特定经济增长阶段来考虑，对此，我们引入典型的发达经济体与新兴经济体进行参照。

（一）货币增速的长期稳定性

当我们在较长时期观察货币增速时，会发现货币的短期剧烈波动变得平稳。从中国货币供应量同步增速来看（见图6-4），接近于长期波动与短期波动的叠加。其中，长期波动约以5～6年为周期，2000年以来，较高的增速出现在2003年和2009年；短期波动以季度为单位，大多数时期的波动幅度比较接近，并且在大多数月份中，前一月份的增速上升都伴随着下一月份的增速下降，相邻月份之间的波动幅度变化呈现非常强的负反馈性。我们以取对数方式减弱波动的方差并观察货币规模的指数增长特征（见图6-5），可以发现中国的广义货币（M2）规模在长期呈稳定的增长趋势，即使是2003年和2009年的较强波动也因持续时间较短而未对货币规模的长期趋势产生明显影响。

图6-4　2000年1月至2013年7月货币供给量（M2）同比增速

资料来源：中经网统计数据库。

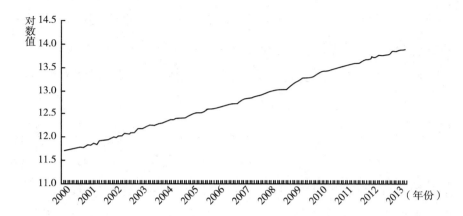

图 6－5　2000 年 1 月～2013 年 7 月货币供给量（M2）的对数值

说明：货币供给量（M2）为月末数据，在亿元基础上取自然对数。

资料来源：中经网统计数据库。

　　货币增长趋势的长期稳定性并非偶然。由于各国的货币政策常近似服从泰勒规则，即随经济增速和通货膨胀率而改变，而货币增速和通货膨胀率本身并非平稳，所以货币规模变化似乎不应有稳定的趋势。但是，由于菲利普斯曲线所反映的经济增速和通货膨胀率的正向关联，当货币因经济增速过慢而扩张并因通货膨胀率上升而收缩时，长期来看，经济增速和通货膨胀率变动的影响相互抵消，从而带来货币增速的长期稳定性。这也说明货币供给的长期趋势取决于经济增长的长期趋势。

（二）经济起飞阶段的货币超速增长现象

　　货币增速长期趋势与经济增速长期趋势的关联性可以通过对典型国家的比较得到证实。考虑到发达经济体和新兴经济体在长期经济增速上的差异，我们取典型的发达经济体（美国、日本、英国）和典型的新兴经济体（中国、俄罗斯）进行货币长期增长趋势的比较（见图6-6）。可以发现，虽然存在量化宽松政策的影响，但是发达经济体的长期货币增速相对平缓。与此相对，新兴经济体的长期货币增速均相对较高。进一步观察货币供应量（M2）与GDP的比值（见图6-7）。大多数年份的横向比较中，中国的M2/GDP指标显著高于美国、英国和俄罗斯，与日本接近并略高。但是如果进行纵向比较，可以发现中国与俄罗斯的M2/GDP增长速度远高于发达经济体，1995年，俄罗斯的M2/GDP仅为0.19，到2012年升至0.44，增速为127%[①]；而同期美国M2/GDP的增速为33%，日本M2/GDP的增速为62%，英国M2/GDP的增速为47%，

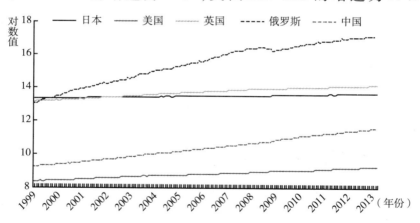

图6-6　1999年1月至2013年7月典型发达经济体与
新兴经济体的M2对数值

注：均为各国本国货币，M2以OECD口径统计。
资料来源：根据中经网统计数据库有关数据计算。

---

① 以未四舍五入数字计算。

中国 M2/GDP 的增速为 84% 。因此，新兴经济体货币的相对
规模增速也超过发达经济体。

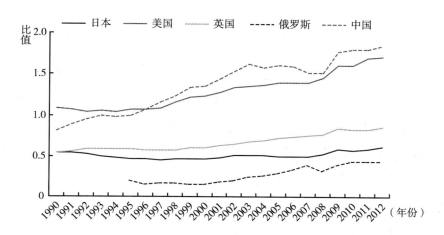

图 6 – 7　1990 ~ 2012 年典型国家货币供应量（M2）与 GDP 之比

资料来源：根据中经网统计数据库整理。

　　新兴经济体货币规模的长期快速扩张趋势表明，货币规模
超经济增长是经济起飞阶段的特定现象。新兴经济体的货币超
经济增长是多重原因造成的。其一，货币政策对宏观经济的拉
动作用也存在边际收益递减。在开始扩张货币规模时，货币可
以进入最易拉动经济增长的行业，但是，随着该行业的饱和，
货币只能进入对经济拉动作用次之的部门，因而，为实现同样
的经济增速，已有的经济增速越高，需要的新增货币扩张规模
也越大。其二，经济起飞阶段存在劳动力从传统部门向现代部
门转移的现象，这些劳动力获得的工资收入会流入传统部门，
由于传统部门比较庞大并且货币周转较慢，所以整个经济的货
币周转速度下降。在同等的经济增速下需要更快的货币规模扩

张。其三，新兴经济体宏观经济的长期高速增长带来较高的增长预期，促使长期资产价格上升并形成价格泡沫，货币周转速度随之放缓，需要更快的货币增速来维持经济增速。高增长预期也伴随着更大的不确定性，需要更高的货币预防需求，这也促使货币规模更快扩张。其四，经济起飞阶段的货币深化加快，对新兴经济体而言，常反映为银行体系的快速扩张，而货币供给由中央银行和商业银行共同决定，这也促使货币出现较高的增速。这些原因都表明，新兴经济体的货币增速不能套用发达经济体的标准，"适度"的货币增速必然需要大幅超出经济增速。

（三）货币增速随经济增长阶段变化而改变

新兴经济体货币增速依赖于经济增长阶段，一旦经济增速放缓，货币增速也会迅速下降。我们以韩国这一新兴经济体为例（见图6-8）。1998年，亚洲金融危机波及韩国。以此为界，韩国的经济增速可以分为两个阶段：1998年前，韩国经济处于高涨阶段；1998年后，韩国经济处于下滑阶段。可以发现，韩国的货币增速也分为两个明显的阶段：1998年前货币增速较高，1998年后货币增速较低。剔除发生金融危机的年份，在经济增速逐步减缓时，货币增速的下降幅度远大于经济增速的下降幅度。这固然是直接源于IMF紧缩货币政策与财政政策的药方，但是在之后的十余年中，韩国的货币增速始终维持在较低水平，这表明低经济增速与低货币增长有较强的关联，换言之，经济增长阶段的变化将带来货币增速迅速而大幅度的变化。

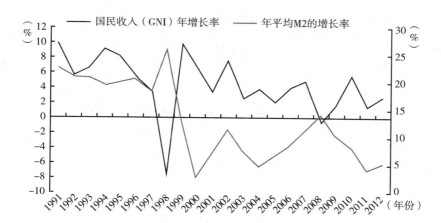

图 6 - 8　1991～2012 年韩国国民收入增长率与
广义货币（M2）增长率

资料来源：韩国银行网站，http：//www.bok.or.kr/。

　　货币增速对经济增长阶段的依赖性同样存在于发达国家。以日本为例（见图 6 - 9）。1991 年以前，日本经济处于较快增长阶段，这一时期日本经济泡沫较为严重，信贷盲目扩张，货币增速也处于较高水平，但是随着日本经济泡沫在 1991 年破裂，日本经济跌入低速增长阶段，日本一直面临着较为严重的通货紧缩，货币增速同样下降并维持在较低水平。

　　无论发达经济体还是新兴经济体，一个突出的现象是经济增长转入较低阶段时的货币增速突然"跌落"。虽然在这一跌落过程中总会有些标志性的事件，如韩国面临金融危机并接受 IMF 的政策要求，日本房地产泡沫破裂并导致银行大量倒闭，但是货币增速跌落的效果维持至今，历经十余年，这表明货币增速具有阶段特征，并且会随着经济增长阶段的变化而迅速做出反应，货币增速跌落是经济阶段改变的重要标志。

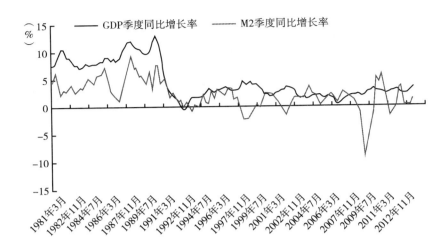

图 6-9 1981 年至 2013 年第 2 季度日本 GDP 增长率与广义货币（M2）增长率

资料来源：中经网统计数据库。

三　现行货币政策宽松程度对经济复苏的支撑力度评价

对于货币规模的适度性问题，我们认为最佳的判断标准仍是国民收入，但是，最合适的货币规模并不是被动地与国民经济同步增长，而是主动地拉动经济，使国民经济实现长期而稳定的增长。据此，我们基于货币规模与经济增速、市场均衡的相互影响来进行货币合理规模的判断，认为当前的货币宽松程度不足以支撑经济的最优增长和经济的较快复苏。

（一）尚未达到货币适度宽松的上限

来自典型国家的国际经验表明，长期的货币增速需要与经济增长阶段相适应。20世纪90年代至今，学界基本认同中国处在同一经济增长阶段。据此，将1997年至今的季度经济增速与货币增速进行对比（见图6-10）。对于季度数据，我们以4年的移动平均减弱季节因素的影响，同时考虑货币政策的时滞问题，假设货币扩张对经济增长的影响滞后两个季度。可以发现，以17%～18%为界，货币增速对经济增速产生不同的影响。在货币增速低于17%时，货币增速对经济增速的影响是正向的，但是当货币增速高于18%时，货币增速对经济增速的影响变为负向的。

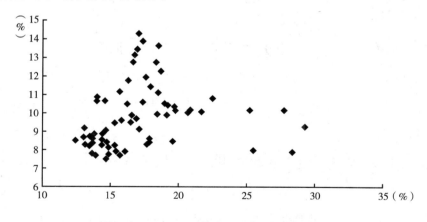

图6-10　GDP增速-M2增速散点图

说明：1. GDP增速为季度累计增速，以四期移动平均消除季节趋势。

2. 假设货币扩张对经济增长存在时滞，并且时滞为两个季度。

3. GDP数据起止时间为1997年第1季度至2013年第3季度，M2数据起止时间为1996年第3季度至2013年第1季度。

资料来源：根据中经网统计数据库有关数据计算。

货币对经济的影响表明，过低或者过高的货币扩张都可能对宏观经济增长起抑制作用，存在推动经济增长的最优货币增速。对中国而言，为17%～18%。2012年，中国的广义货币（M2）年增速为13.84%，这一货币增速所维持的平均经济增速约为8.5%，虽然长期来看仍可拉动当前较低的经济增速，但是距离货币适度宽松的上限仍然较远。

过快的货币扩张会导致货币流动效率下降，但是2012～2013年的货币增速并未达到这一界限。以M1/M2作为货币流动效率的度量指标，以广义货币（M2）的月度同比增速作为货币增速的度量指标，并以20%的货币增速为限，观察货币流动效率和货币增速的关联性。可以发现，当货币增速较低时（见图6－11），货币流动效率与货币增速有微弱的正向关联。货币流动效率的提高意味着货币对商品流通起到更好的促进作用，使得货币适度宽松更有助于经济增长。但是，当货币增速较低时（见图6－12），货币流动效率与货币增速的关联转为负向，这意味着货币增加反而抑制了商品流通，并进一步抑制经济增长。

因此，从货币流动效率着眼，货币增速同样存在一个最优边界，约20%左右，与基于经济增速所得出的货币增速边界相近。但是，这一边界同样高于2012年的广义货币（M2）年增速，这意味着中国在2012～2013年仍未达到货币适度宽松的上限。

（二）利率管制需要更多的货币供给量

中国的金融管制使得中国需要的货币规模要更大程度的

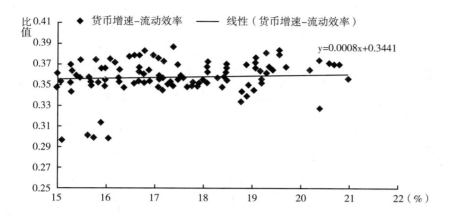

图 6－11　低货币增速时的货币增速－流动效率散点图

说明：货币增速为广义货币（M2）的月度同比增速，货币流动效率为月末的 M1/M2，低增速期界定为广义货币（M2）的月度同比增速 20% 以下。

资料来源：中经网统计数据库。

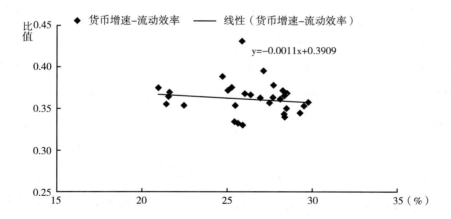

图 6－12　高货币增速时的货币增速－流动效率散点图

说明：货币增速为广义货币（M2）的月度同比增速，货币流动效率为月末的 M1/M2，高增速期界定为广义货币（M2）的月度同比增速 20% 以上。

资料来源：中经网统计数据库。

宽松。利率管制是中国金融管制的主要组成部分，尽管早在1993年，中国共产党十四大《关于金融体制改革的决定》便提出利率完全市场化的改革目标，但是进度较为缓慢。在银行间业务的利率实现市场化，并且贷款利率的管制放松之后，存款利率一直受到严格限制。2013年7月20日，中国全面放开金融机构贷款利率管制，受到管制的利率仅剩下存款利率的上限。虽然从利率的种类来看，大多数利率都已放开，但是由于存款是银行最主要的负债来源，银行又是中国金融体系的主体，并且一些金融产品（如理财产品）的利率参照存款利率，所以较低的存款利率管制水平降低了整体的利率水平。

利率管制压低利率水平的结果，是使货币市场偏离均衡状态（见图6-13）。已有研究表明，在管制利率体制下，利率外生性强化了货币供给的内生性，中国货币供给呈现强内生性的特点。[1] 货币供给的强内生性意味着中央银行无法坚持较低的货币供给速度，而是要相应扩张，以满足较低利率水平之下相对较高的货币需求。

通过对比相对利差和货币增速可以发现利率管制对货币增速的影响（见图6-14）。由于利率管制仅针对部分利率，所以管制利率与市场利率存在利差。我们以活期存款基准利率代表管制利率，以银行间平均拆借利率代表市场利率，并以二者利差与活期存款基准利率的比值代表利率管制所带来利差的相

---

[1] 宋玮、黄燕芬：《我国利率市场化改革与货币供给内生性弱化之关联性分析》，《经济理论与经济管理》2006年第1期。

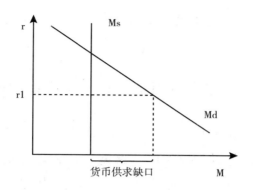

图 6 – 13　利率管制带来的货币供求缺口

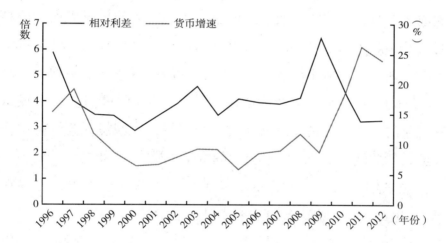

图 6 – 14　1996～2012 年利率管制导致的利差与货币增速对比

说明：利率管制导致的相对利差 = （银行间平均拆借利率 – 活期存款基准利率）／活期存款基准利率。

资料来源：根据中经网统计数据库、中国人民银行网站有关数据计算。

对水平，并以之与广义货币（M2）的增速进行对比。可以发现二者之间存在正向关联。从变动趋势来看，利差下降往往伴随着货币增速的下降，利差上升往往伴随着货币增速的上升。

并且货币增速有一定前瞻性，如果将货币增速与下一年度的相对利差相比较，二者几乎重合。

（三）较低经济增长时期需要更高货币规模

对于货币快速增长的累积结果，人们往往抱有忧虑，2012~2013 年的论争便是以 M2/GDP 为缘起，认为较大的货币规模带来产能过剩与价格泡沫等现象。但是，导致产能过剩与价格泡沫的原因是多方面的，货币的作用不仅仅是扩张产出和在某些市场形成泡沫。对于当前的较低经济增长而言，较大的货币规模恰恰是必需的。对比 1991~2012 年的经济增速与货币规模（见图 6-15）可以发现，经济增速与货币规模存在反向关联，当经济增速较高时，M2/GDP 较小；当经济增速较低时，M2/GDP 较大。造成这一现象的原因主要是经济低迷时货币周转速度减慢，为维持同样甚至较低的经济增速，需要更大的货币规模。

经济增速与货币规模的反向关联不仅存在于中国，也存在于 20 世纪 80 年代以来的主要发达经济体。我们以日本和美国作为代表（如图 6-16、图 6-17）。虽然从货币相对规模（M2/GDP）来看，日本和美国存在较大区别，前者在 0.82 与 1.72 之间，后者在 0.45 与 0.62 之间，但是，从经济增速与货币增速的对应关系来看，均存在反向关联。考虑到货币政策的时滞，以及多个经济增速对应着不同的货币规模，这一现象不能全部归因于货币政策的逆经济周期操作，而应理解为在经济高涨和低迷时期的货币周转速度变化。因此，至少在 20 世纪 80 年代以来，较低经济增长时期对应着较高的广义货币规模。

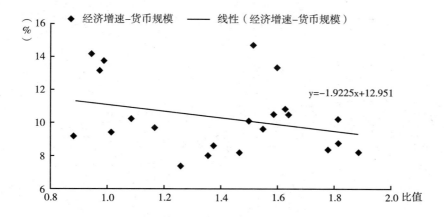

图 6 – 15 中国经济增速 – 货币规模散点图

说明：货币规模指标为 M2/GDP，GDP 与 M2 数据为 1991 ～ 2012 年的
年度数据。

资料来源：根据中经网统计数据库有关数据计算。

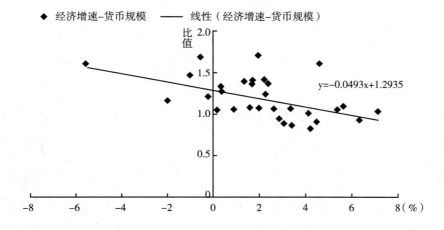

图 6 – 16 日本经济增速 – 货币规模散点图

说明：货币规模指标为 M2/GDP，GDP 与 M2 数据为 1981 ～ 2012 年的
年度数据。

资料来源：根据中经网统计数据库有关数据计算。

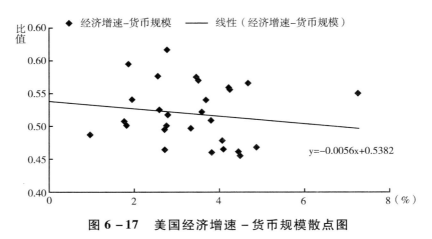

图 6－17　美国经济增速－货币规模散点图

说明：货币规模指标为 M2/GDP，GDP 与 M2 数据为 1981～2012 年的年度数据。
资料来源：根据中经网统计数据库有关数据计算。

（四）低经济增长时期的货币适度宽松不会明显增加泡沫

货币超发与经济泡沫之间存在正向关联，这是 2012 ～ 2013 年间反对货币宽松的重要理由。既有实证研究显示，当期的沉积货币会导致未来的通货膨胀压力，[①] 但是货币供给与消费品价格并不存在严格的正相关性[②]，主要的影响体现为对房价的影响[③]，这表明货币供给对房地产价格泡沫有一定的推动作用。虽然通过结构化的货币政策可以限制向房地产行业的直接货币投放，但是仍存在货币通过其他渠道流入房地产市场并促使泡沫加剧的疑问。

[①]　肖威、吴军：《当前我国超额货币供给下的潜在通货膨胀压力》，《财经科学》2013 年第 7 期。

[②]　杨晓维、郝壮、张若昭：《中国近年 CPI 上涨来自过度的货币供给吗?》，《北京师范大学学报（社会科学版）》2013 年第 3 期。

[③]　赵丹华、唐安宝：《我国货币供给的价格效应——基于物价、股价、房价的比较分析》，《特区经济》2011 年第 5 期。

虽然货币供给与房地产市场泡沫有一定关联，但是二者之间的联系并不稳定。协整分析显示，货币相对规模与房地产开发投资并不存在协整关系①（见表 6 - 2），这表明不能简单认定货币规模的扩张必然推动房地产泡沫的上升。进一步的数据分析显示，分经济增长阶段来看，货币对房地产市场的影响程度会随着宏观经济景气程度变化而改变。在经济低迷时期（见图 6 - 18），货币宽松对房地产市场的推动作用并不明显；在经济高涨时期（见图 6 - 19），货币宽松则对房地产市场产生较强的推动作用。因此，在目前的经济增速相对较低的时期，货币适度宽松不会明显增加包括房地产市场在内的经济泡沫。

表 6 - 2　M2/GDP 和房地产开发资金额的协整检验结果

Johansen 检验：迹检验

协整方程个数假设	特征值	迹统计量	0.05 临界值	概率
无 *	0.745272	23.59925	15.49471	0.0024
最多一个 *	0.360947	5.820973	3.841466	0.0158

Johansen 检验：最大特征值检验

协整方程个数假设	特征值	最大特征值统计量	0.05 临界值	概率
无 *	0.745272	17.77828	14.26460	0.0134
最多一个 *	0.360947	5.820973	3.841466	0.0158

恩格尔 - 格兰杰检验

	AEG 检验值	1% 临界值	5% 临界值	10% 临界值
	- 1.693409	- 4.12	- 3.29	- 2.90

注：1. * 为在 5% 水平上拒绝原假设。

2. 变量为 M2/GDP 和房地产开发资金额，数据为 1997 ~ 2011 年年度数据。

资料来源：根据中经网统计数据库有关数据计算。

---

① 在 Johansen 检验中，无协整方程与至多一个协整方程的假设均被拒绝，而两个变量最多仅能有一个协整关系。因此，我们认为 Johansen 检验不再适用，需采用恩格尔 - 格兰杰检验的结论。

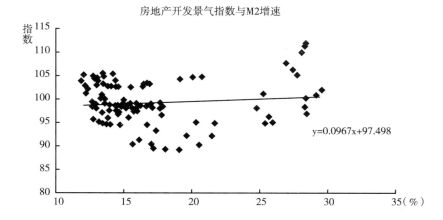

图 6 – 18　经济低迷时期的房地产市场景气程度与货币增速散点图

说明：数据样本为 1996 年 1 月至 2013 年 9 月间宏观经济指数（一致指数）低于 100 的月份。

资料来源：中经网统计数据库。

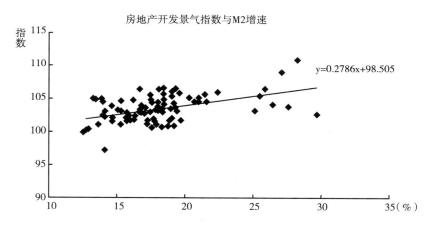

图 6 – 19　经济高涨时期的房地产市场景气程度与货币增速散点图

说明：数据样本为 1996 年 1 月至 2013 年 9 月间宏观经济指数（一致指数）高于 100 的月份。

资料来源：中经网统计数据库。

四　实施阶段性宽松货币政策的构想

针对上述分析，我们认为中国货币规模虽然看起来较高，但是尚未达到拉动经济增长的最优水平，今后的货币政策取向仍需必要的扩张幅度，并根据发展阶段进行调整，同时需要应对中长期阶段所出现的问题。

（一）周期下滑阶段维持必要的货币供给速度

综前所述，当前的货币供给不足以支持现阶段的经济增长，货币的长期增速影响有所提高。但是，2013 年下半年货币政策的倾向仍是相对较低的货币供给增速。2013 年上半年的货币增速高于 2012 年的平均水平，尤以 M1 的增速更为显著，使得通货膨胀压力受到更大的重视。虽然居民消费价格总体平稳，但是 2013 年第 2 季度《中国货币政策执行报告》仍强调需稳定价格预期。作为政策的回应，从 2013 年 6 月起，M2 的增速较前 5 个月有较为明显的下降。但是我们认为，尚未达到中国货币适度宽松上限，同时，较低的经济增速也要求更高的货币规模进行支撑，2013 ~ 2014 年的货币政策宽松程度应在现有基础上有所提升，以带动货币的流动效率，并拉动经济增长。具体而言，货币当局应当将稳定通货膨胀预期下的 M2 增速定为 18% 左右，在保证这一长期货币增速的基础上，根据短期内的经济形势对货币增长率进行微调。

（二）随经济发展阶段调整货币政策，短期稳健宽松但长期宜实行紧缩

货币增速的长期趋势并非一成不变。目前，中国正在进行经济结构调整，调整之后的经济增长阶段很可能发生变化，这就需要货币增速的长期趋势在经济发展长期趋势的基础上进行调整。但是，目前的货币政策调整仍主要建立在中短期的宏观经济形势上。在中国人民银行的《中国货币政策执行报告》中，对宏观经济运行的分析集中于当年的短期分析，仅有进出口等少数指标在比较时延伸到 10 年左右。短期分析忽略了经济的长期增长趋势，难以使货币增速主动适应经济增长阶段变化的要求。因此，对货币政策操作依据的分析应延伸至长期，并根据经济发展阶段的变化进行调整。具体而言，在货币政策的决策过程中不能仅关注经济增长和通货膨胀等指标的短期变化，而要关注其长期趋势，尤其是在不同长期趋势下的合理货币增速，以便货币的长期增速与经济阶段相适应，实现货币对宏观经济的主动调节。

（三）给经济泡沫和产能过剩问题制定长期的解决方案

与货币规模相联系的问题大多是长期积累的结果，不能期待一蹴而就式的解决。这些问题属于"时期"问题，不能期待在某一时点上解决。就货币政策而言，无论是房地产市场泡沫问题还是产能过剩问题，都不应当将解决时间限定为当年，而要在一定时期逐步解决，寻求适当的时机实现"软着陆"。

我们认为，虽然这些问题在经济低迷时显得更为紧迫，但是解决问题的最恰当时期应当是经济高涨时期。由于出现价格泡沫或产能过剩的行业均是容易获得银行信贷的行业，并且其获得信贷的优势一般不是单纯的政策支持，所以在经济低迷时期，这些行业仍然可以通过直接和间接渠道获得信贷支持，即使货币政策偏紧，这些行业整体的融资也不会受到最强的冲击，只是行业内的洗牌，受影响的只是货币供给宽松时也难以获得信贷资金的行业或企业。因此，对于这些出现价格泡沫的行业，只能限制其对信贷资金的吸引力，并在经济高涨时期寻求其在信贷和经济增长方面的替代行业。

（四）管控货币政策调整带来的政策风险

目前，全球均面临较高的政策风险，美国量化宽松政策的走向、欧盟应对危机的协调和日本的激进政策均在其本国甚至世界范围带来金融市场与宏观经济的波动。就中国而言，一方面，面临全球流动性泛滥的外部环境，对既有的货币规模抱有疑虑；另一方面，前一时期较高的通货膨胀率阴影仍未散去，价格泡沫和产能过剩等问题对货币政策的力度和结构提出更高的要求。这就使得中国金融市场与宏观经济更加关注货币政策的调整，并对货币政策的不确定性进行应对。我们注意到，日本、韩国在经济阶段改变时的货币增速调整对应着货币政策的急剧变化，这一变化极大地改变了人们的预期，并使得经济增长从此稳定在较低的阶段。因此，对于货币政策预期问题需要给予更高的关注。具体而言，不但仍应保持货币政策在长期的客观平稳性，而且要减少货币政策的短期波动，尤其对于经济阶段变化所带来的货币增速长期变化，需要进行前瞻性的政策改变，使得货币政策相对平稳，避免出现日本、韩国式的突变，以降低货币政策调整所产生的政策风险。

（五）应对利率市场化进程的冲击

利率市场化进程后，仅剩下存款利率上限这一最后堡垒。虽然短期之内难以放开存款利率，但是长期看，存款利率上限必然取消，并带来利率水平的上升。利率上限的取消使得货币市场恢复均衡状态，从而不需要货币当局扩张货币供给来补足货币的供求缺口。因此，存款利率市场化将降低市场上的货币需求，使得原本适度的货币规模变得过大，这就需要货币当局对存款利率市场化的影响进行前瞻性的应对。具体而言，在存款利率放开之前，货币当局应当降低货币增速，减小货币的相对规模，并在货币相对规模已经相对较低时再放开存款利率上限。

参考文献

胡正：《中国超额货币供给研究（1979～2009）：理论与实证》，西南财经大学博士学位论文，2011。

宋玮、黄燕芬：《我国利率市场化改革与货币供给内生性弱化之关联性分析》，《经济理论与经济管理》2006年第1期。

肖威、吴军：《当前我国超额货币供给下的潜在通货膨胀压力》，《财经科学》2013年第7期。

杨晓维、郝壮、张若昭：《中国近年 CPI 上涨来自过度的货币供给吗?》,《北京师范大学学报（社会科学版)》2013 年第 3 期。

余永定：《理解流动性过剩》,《国际经济评论》2003 年第 4 期。

赵丹华、唐安宝：《我国货币供给的价格效应——基于物价、股价、房价的比较分析》,《特区经济》2011 年第 5 期。

第七章
地方政府债务风险监测与
政策评价

一 地方政府债务及其现状

（一）举债速度有所放缓，债务规模不断扩大

根据审计署统计，中国地方政府负有偿还责任的债务最早发生在 1979 年，有 8 个县、区当年举借了政府负有偿还责任的债务。此后，各地开始陆续举债，其中省级政府（含计划单列市）举借负有偿还责任或担保责任债务的起始年集中在 1981～1985 年，这一期间有 28 个省级政府开始举债；市级和县级政府举借债务的起始年集中在 1986～1996 年，这一期间共有 293 个市级政府和 2054 个县级政府开始举借债务。至 1996 年底，全国所有省级政府、392 个市级政府中的 353 个（占 90.05%）和 2779 个县级政府中的 2405 个（占

86.54%）都举借了债务。至 2010 年底，全国只有 54 个县级政府没有举借政府债务。全国各地区政府债务发生的起始年详见表7－1。

表 7－1　全国各地区政府债务发生起始年情况

单位：个数，%

年度区间	省级			市级			县级		
	当期开始举借个数	累计个数	累计占总地区比例	当期开始举借个数	累计个数	累计占总地区比例	当期开始举借个数	累计个数	累计占总地区比例
1979～1980	0	0	—	4	4	1.02	51	51	1.84
1981～1985	28	28	77.78	56	60	15.31	300	351	12.63
1986～1990	5	33	91.67	121	181	46.17	833	1184	42.61
1991～1996	3	36	100	172	353	90.05	1221	2405	86.54

资料来源：国家审计署。

中国地方政府债务的积累经历了改革开放初期的孕育期，1994 年分税制改革的初创期，1997 年亚洲金融危机以后的成长期，到 2008 年以后形成爆发期。2008 年后，地方政府年末负债额出现连续两年剧增。2008 年全球金融危机之后，中国地方融资平台的空前繁荣，成功推动了中国经济的快速复苏，但也产生了亟待解决的新问题。2009 年，在经济刺激计划的带动下，地方政府融资平台继续快速增长。为了应对金融危机，中央在 2009 年、2010 年连续两年每年代发 2000 亿元地方债。根据审计署于 2011 年 3～5 月对 31 个省（自治区、直辖市）及所属市（地、州、盟、区）和 5 个计划单列市本级及县（市、区、旗）三级地方政府（以下简称省级、市级、县级）的债务情况全面审计报告（2011 年第 35 号），^① 截至 2010 年底，全国地方政府债务余额共计 107174.91 亿元。其中，政府负有偿还责任的债务 67109.51 亿元，占 62.62%；政府负有担保责任的或有债务 23369.74 亿元，占 21.80%；政府可能承担一定救助责任的其他相关债务 16695.66 亿元，占 15.58%（见图 7-1）。

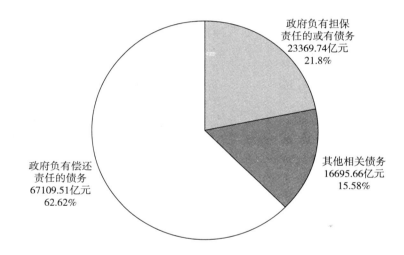

图 7-1 2010 年底全国地方政府债务规模与性质

资料来源：国家审计署。

地方债规模激增也引起中央政府高度重视。自 2011 年开始，地方政府债务问题步入"妥善处理存量，严格控制增量"的调控期，债务增速下降。2012 年 3 月 14 日，时任总

---

① 此次审计的范围是：所有涉及债务的 25590 个政府部门和机构、6576 个融资平台公司、42603 个经费补助事业单位、2420 个公用事业单位、9038 个其他单位、373805 个项目，共 1873683 笔债务。

理温家宝表示政府债务水平是可控安全的，较上年相比，2011 年新增债务仅有 3 亿元，其中新举债 21536 亿元，偿债 21533 亿元。债务规模虽得到初步控制，但存量风险仍然显著（见图 7 - 2）。

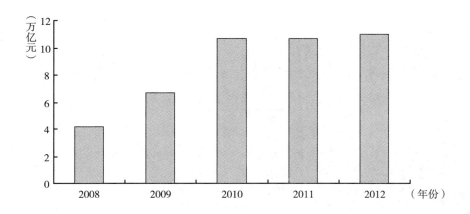

图 7 - 2　历年年末地方政府债务余额

资料来源：财政部、审计署及本报告估计。

根据国家审计署对 15 个省及其所属 15 个省会城市本级、3 个直辖市本级及其所属 3 个市辖区省本级，共计 36 个地方政府本级 2011 年以来政府性债务情况的审计报告（2013 年第 24 号），2011 年度举债额得到初步控制，但 2012 年有再次回升迹象。截至 2012 年底，36 个被审计地方政府本级政府债务余额为 38475.81 亿元（政府负有偿还责任的债务 18437.10 亿元，政府负有担保责任的债务 9079.02 亿元，其他相关债务 10959.69 亿元），比 2010 年增加 4409.81 亿元（其中 12 个地方政府本级减少 1417.42 亿元，24 个地方政府本级增加 5827.23 亿元），增长

12. 94% 。其中 2010 年及以前年度举借 20748.79 亿元，占53. 93% ；2011 年举借 6307. 40 亿元，占 16. 39% ；2012 年举借11419. 62 亿元，占 29. 68% （见图 7 - 3）。

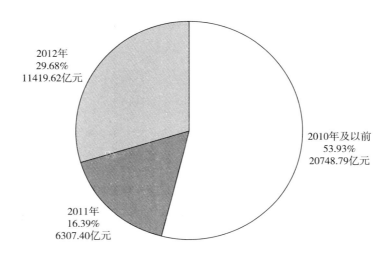

图 7 - 3　2012 年末 36 个地方政府本级政府债务的形成年度

资料来源：国家审计署。

（二）市级政府存量负债最多，东部地区债务规模较大

按一般规律，上级政府可以通过"支出下移、收入上移"办法转移债务，越到基层债务负担越重，县乡将是债务"重灾区"。但当前的债务层级分布刚好相反，市级政府债务比重最高，县级政府债务比重相对较小。据审计署 2011 年 6月公布的全国地方政府债务审计报告显示，截至 2010 年底，全国只有 54 个县级政府没有政府债务，36 个省级或计划单列市政府、392 个市级政府、2725 个县级政府都举借了债

务。全国省级或计划单列市、市级和县级政府债务余额分别为 32111.94 亿元、46632.06 亿元和 28430.91 亿元，分别占 29.96%、43.51% 和 26.53%。此外，乡镇政府负债总额在 2200 亿元左右，乡镇平均负债 400 万元（详见表 7-2 和图 7-4）。

表 7-2　2010 年底全国地方政府债务余额层级分布情况

单位：亿元，%

债务类型	合计		省级		市级		县级	
	金额	比重	金额	比重	金额	比重	金额	比重
政府负有偿还责任的债务	67109.51	100.00	12699.24	18.92	32460.00	48.37	21950.27	32.71
政府负有担保责任的债务	23369.74	100.00	11977.11	51.25	7667.97	32.81	3724.66	15.94
其他相关债务	16695.66	100.00	7435.59	44.54	6504.09	38.96	2755.98	16.50
合计	107174.91	100.00	32111.94	29.96	46632.06	43.51	28430.91	26.53

资料来源：国家审计署。

按一般的债务区域分布规律，越穷的区域债务越重，越发达的地区债务越少。中国目前地方债区域分布格局也与此相反，东部地区占负债总额的将近一半，中、西部地区共同占剩下的近 50%。从区域分布看，截至 2010 年底，东部 11 个省（直辖市）和 5 个计划单列市政府债务余额 53208.39 亿元，占 49.65%；中部 8 个省政府债务余额为 24716.35 亿元，占 23.06%；西部 12 个省（自治区、直辖市）政府债务余额 29250.17 亿元，占 27.29%（见图 7-5）。

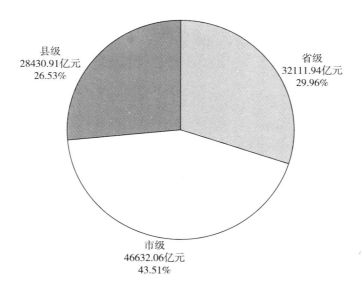

图 7 - 4　2010 年底全国地方政府债务规模与结构

资料来源：国家审计署。

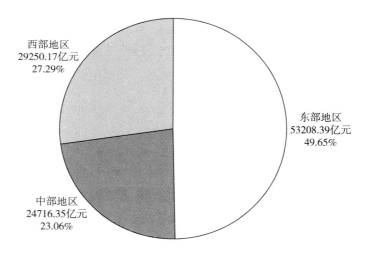

图 7 - 5　2010 年底全国地方政府债务余额区域分布

资料来源：国家审计署。

（三）地方政府负债率总体较高，部分地区债务负担沉重

国际上一般用地方政府债务占 GDP 比重来衡量债务风险。2011 年，美国和巴西的州及地方政府债务约占各自 GDP 的 16％和 12％，从表面上看，中国地方政府债务占 GDP 的比例远超美国和巴西。

根据审计署对全国三级地方政府债务审计结果，截至 2010 年底，省、市、县三级地方政府负有偿还责任的债务率，即负有偿还责任的债务余额与地方政府综合财力的比率为 52.25％，加上地方政府负有担保责任或有债务，债务率为 70.45％。2010 年，地方政府负有担保责任的或有债务和政府可能承担一定救助责任的其他相关债务，逾期债务率分别为 2.23％和 1.28％。有 78 个市级政府和 99 个县级政府负有偿还责任债务的债务率高于 100％，分别占两级政府总数的 19.9％和 3.56％。

根据审计署对全国 36 个地方政府本级债务审计结果，2012 年，有 11 个省本级和 13 个省会城市本级的债务规模比 2010 年有所增长，其中 4 个省本级和 8 个省会城市本级债务增长率超过 20％。一些省会城市本级债务率和偿债率指标偏高，2012 年，有 9 个省会城市本级政府负有偿还责任的债务率超过 100％，最高的达 188.95％；如加上政府负有担保责任的债务，债务率最高的达 219.57％。有 13 个省会城市本级政府负有偿还责任债务的偿债率超过 20％，最高的达

60.15%；如加上政府负有担保责任的债务，偿债率最高的达67.69%。

二　地方政府债务的主要特点

（一）地方政府并非被动负债，而是为发展经济主动融资

改革开放前期（1978～1993年），财政管理体制配合国民经济管理体制从计划经济向市场经济过渡，实行了"分灶吃饭"、"财政包干"的分权改革。这一时期的财政体制对地方发展经济的积极性有极大推动，但同时也造成了中央财政收入紧张。1994年的分税制改革之后，中央财政紧张的问题得到缓解，而地方政府出现财政紧张、债务积累的问题。财权重心上移、事权重心下压不断强化。由于债务的纵向转移，越到基层债务问题越显著，县乡财政极为困难，而省市一级负债并不高。发达地区债务低于不发达地区债务。2005年以后，地方债务由财政赤字被动负债逐步转变为为发展经济主动融资。当前的地方政府债务并不是为维系行政支出、财政紧张导致的被动负债堆积，而是为发展经济进行大规模基础设施建设所作的主动债务融资。省市成为负债主体，发达地区债务规模超过不发达地区。

此外，中国地方政府几次大规模举债都抓住了世界或区域性经济金融危机的契机，既克服了全球金融危机的冲击，保持

了经济的持续快速发展，又避免了大规模政府投资可能带来的恶性通胀。经过两轮经济危机，中国的经济实力在国际上的地位反而大幅上升，一跃成为世界第二大经济强国。在应对1998 年和 2008 年的亚洲金融危机和国际金融危机中，中央通过发行国债并转贷地方政府、代地方发行政府债券，地方政府通过融资平台公司等多方筹集资金，为中国经济发展与环境保护提供了资金支持。

　　1997 年以来，中国地方政府债务规模随着经济社会发展逐年增长。1998 年和 2009 年，债务余额分别比 1997 年和 2008 年增长 48.20% 和 61.92%。2010 年的债务余额比 2009 年增长18.86%，但增速下降 43.06 个百分点（见图 7 - 6）。

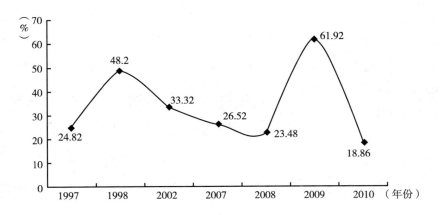

图 7 - 6　1997 年以来全国地方政府
债务余额增长率

　　注：2002 年增长率为 1998 ~ 2002 年年均增长率，2007 年增长率为2002 ~ 2007 年年均增长率。
　　资料来源：国家审计署。

（二）政府投资具有显著外部经济收益，地方经济发展对政府债务存在依赖性

地方政府举债主要用于地方公共基础设施投资，具有显著的正外部效应。大规模的公共基础设施投资是经济起飞的必要条件。从全社会来说，当前政府举债投资总收益一般远大于其支出，这也在一定程度上解释了当前地方政府举债投资的冲动。如果没有大规模的政府公共基础设施投资，很难有持续快速的经济发展。如果强行控制地方政府举债，也将同时错失发展良机。

根据审计署报告，汶川特大地震发生后，四川省各级政府筹措政府性债务资金558亿元用于灾后重建。截至2010年底，地方各级政府投入教育、医疗、科学文化、保障性住房、农林水利建设等民生方面的债务余额达13753.12亿元，投入节能减排、生态建设、工业等领域的债务余额达4016.02亿元。2010年底，地方政府性债务余额中已支出96130.44亿元，占89.69%。已支出的债务资金中，用于交通运输、市政等基础设施和能源建设59466.89亿元，占61.86%；用于土地收储10208.83亿元，占10.62%。这些债务资金的投入，加快了地方公路、铁路、机场等基础设施建设，以及轨道交通、道路桥梁等市政项目建设，形成了大量优质资产，促进了各地经济社会发展和民生改善，有利于为"十二五"及今后一段时期经济社会发展增强后劲（见表7-3）。

表 7 - 3　2010 年底全国地方政府债务余额已支出投向

单位：亿元，%

债务支出 投向类别	三类债务合计		政府负有偿还 责任的债务		政府负有担保 责任的债务		其他相关债务	
	债务额	比重	债务额	比重	债务额	比重	债务额	比重
市政建设	35301.04	36.72	24711.15	42.03	4917.68	22.55	5672.21	36.53
交通运输	23924.46	24.8	8717.74	14.83	10769.62	49.39	4437.10	28.58
土地收储	10208.83	10.62	9380.69	15.95	556.99	2.55	271.15	1.75
教科文卫、保障性住房	9169.02	9.54	4374.67	7.43	1318.02	6.04	3476.33	22.39
农林水利建设	4584.10	4.77	3273.78	5.57	874.53	4.01	435.79	2.81
生态建设和环境保护	2733.15	2.84	1932.03	3.29	403.72	1.85	397.40	2.56
化解地方金融风险	1109.69	1.15	823.35	1.40	281.29	1.29	5.05	0.03
工业	1282.87	1.33	681.18	1.16	579.46	2.66	22.23	0.14
能源	241.39	0.2	44.78	0.08	189.91	0.87	6.70	0.04
其他	7575.89	7.8	4858.12	8.26	1915.40	8.79	802.37	5.17
合计	96130.44	100.00	58797.49	100.00	21806.62	100.00	15526.33	100.00

资料来源：国家审计署。

（三）融资平台是目前地方债务的主要载体，地方举债的隐蔽性不断增强

所谓"地方政府投融资平台"，是指由地方政府及其部门和机构等通过财政拨款或注入土地、股权等资产方式设立，承担政府投资项目融资功能，并拥有独立法人资格的经济实体。地方政府融资平台公司产生于 20 世纪 80 年代。地方融资平台公司最初是作为地方政府与银行绕开现行制度约束的金融创新

而出现的。在 2008 年之后，中国融资平台的发展出现了一些新变化，主要表现在：一是同一级地方政府下属的平台公司数目迅速增加；二是县级政府的平台公司数目超过省级和地级政府，开始占较大比重；三是在银政关系中，政府平台变为主动、占上风的一方。作为地方政府借债的实际媒介，地方融资平台为地方政府公共基础设施建设融资发挥了巨大作用。和单个项目相比，融资平台的资金抗风险能力大很多，可以实现地方政府公共建设职能的市场化运作，有效拉动社会投资。

目前，地方融资平台规模也已经积累到相当大的数额。至 2010 年底，全国省、市、县三级政府共设立融资平台公司 6576 家，其中省级 165 家、市级 1648 家、县级 4763 家；有 3 个省级、29 个市级、44 个县级政府设立的融资平台公司均达 10 家以上。从这些公司的经营范围看，以政府建设项目融资功能为主的 3234 家，兼有政府项目融资和投资建设功能的 1173 家，还进行其他经营活动的 2169 家。根据央行数据，截至 2009 年 5 月底，全国地方政府投融资平台总负债规模达 5.26 万亿元。根据审计署报告，2010 年底融资平台公司政府性债务余额 49710.68 亿元，占地方政府债务余额的 46.38%，其中，政府负有偿还责任的债务 31375.29 亿元，政府负有担保责任的债务 8143.71 亿元，其他相关债务 10191.68 亿元，分别占 63.12%、16.38%、20.50%。从层级看，省级 8826.67 亿元、市级 26845.75 亿元、县级 14038.26 亿元，分别占 17.76%、54% 和 28.24%（见表 7-4 和图 7-7）。2012 年 36 个地方政府本级债务余额中，融资平台公司、地方政府部门和机构举借的债务分别占 45.67%、25.37%，仍是主要的举借主体。融资平台公司和其他单位债务余额增长较大，分别比 2010 年增加 3227.34 亿元和 1295.72 亿元，增长比率分别为 22.50% 和 32.42%（见图 7-8）。

表 7-4　2010 年底全国地方政府债务举借主体情况

单位：亿元，%

举债主体类别	三类债务合计		政府负有偿还责任的债务		政府负有担保责任的债务		其他相关债务	
	债务额	比重	债务额	比重	债务额	比重	债务额	比重
融资平台公司	49710.68	46.38	31375.29	46.75	8143.71	34.85	10191.68	61.04
地方政府部门和机构	24975.59	23.31	15817.92	23.57	9157.67	39.19	0.00	0.00
经费补助事业单位	17190.25	16.04	11234.19	16.74	1551.87	6.64	4404.19	26.38
公用事业单位	2498.28	2.33	1097.20	1.63	304.74	1.30	1096.34	6.57
其他单位	12800.11	11.94	7584.91	11.31	4211.75	18.02	1003.45	6.01
合计	107174.91	100.00	67109.51	100.00	23369.74	100.00	16695.66	100.00

资料来源：国家审计署。

　　另一方面，作为地方政府的金融创新，地方融资平台举债天然具有复杂化和隐蔽性强、债务责任转移和超越监管的特点。融资平台的信息不对称性强，财务管理具有不透明性，也使得银行对融资平台项目的风险评估和资金贷后管理变得较为困难。其中不可避免包含了不少违规操作、低效率和不够谨慎的投资。根据审计署对 36 个地方政府本级审计报告，2011 年以来，经地方政府相关部门、融资平台公司和债权银行三方签

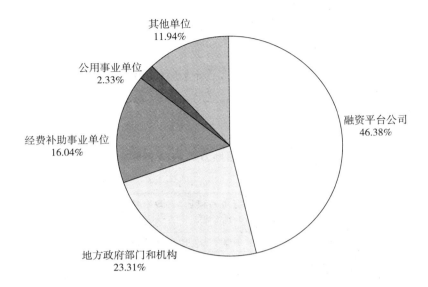

图 7 - 7　2010 年末全国地方政府债务举借主体

资料来源：国家审计署。

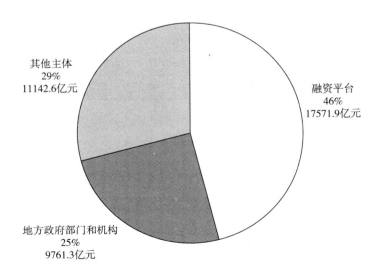

图 7 - 8　2012 年末 36 个地方政府本级政府债务举借主体

资料来源：国家审计署。

字，共有 61 家融资平台公司按银监会规定转为"退出类平台"，但审计发现，上述公司中有 55 家未完全剥离原有政府债务或继续承担公益性项目的建设融资任务。2012 年底，政府债务余额为 7414.83 亿元，其中有 4 个省本级和 1 个省会城市本级的 18 家融资平台公司以转为"退出类平台"为由，少统计政府性债务 2479.29 亿元，脱离了债务监管。2012 年底，36 个地方政府本级的 223 家融资平台公司中，94 家年末资产中存在不能或不宜变现的资产，共计 8975.92 亿元，占其总资产的 37.60%；5 家注册资本未到位，共计 56.19 亿元；6 家虚增资产，共计 371.07 亿元；3 个省会城市本级政府违规向融资平台公司注入公园、道路等公益性资产，共计 45.53 亿元。缺乏针对融资平台公司规范的管理制度，部分公司法人治理结构不完善，内部管理级次多、链条长，资本到位率低等。审计发现，有 1033 家融资平台公司存在虚假出资、注册资本未到位、地方政府和部门违规注资、抽走资本等问题，涉及金额 2441.5 亿元。由于融资平台公司举借的债务资金主要投向回收期较长的公益或准公益性项目，赢利能力较弱，有 26.37% 共计 1734 家融资平台公司出现亏损。

随着国家对地方政府债务管理的加强和银行对地方政府及其融资平台公司信贷投放的从紧，一些地方转而通过信托贷款、融资租赁、售后回租、发行理财产品、BT（建设—移交）、垫资施工和违规集资等方式变相举债融资。这些举债方式隐蔽性强，不易监管，且筹资成本普遍高于同期银行贷款利率，如 BT 融资年利率最高达 20%、集资年利率最高达

17.5%。审计署抽查发现，2011～2012年，有6个省本级和7个省会城市本级通过信托贷款、融资租赁、售后回租和发行理财产品等方式融资1090.10亿元；12个省会城市本级和1个省本级通过BT和垫资施工方式实施196个建设项目，形成政府性债务1060.18亿元；3个省本级和3个省会城市本级的部分单位违规集资30.59亿元，合计2180.87亿元，占这些地区两年新举借债务总额的15.82%。

（四）土地使用权既是重要的举债抵押品，也是偿债资金的主要源泉

与国外政府举债主要以未来税收或特许经营权为抵押担保不同，我国土地使用权既是地方政府举债的重要抵押品，也是地方政府偿债资金的主要源泉。土地使用权在地方政府举债中扮演极重要的角色，这与中国政府是城市土地的唯一所有者是分不开的。与西方国家相比，中国地方政府有更大的资金资源控制和动员能力，作为土地所有者，政府可以最大限度内部化外部收益，所以在相同举债水平下，长期债务风险相对较小。

相对未来税收融资，土地融资模式的优点是，在中国城市化和经济快速发展的大背景下，城市土地增值较快，地方政府出让土地使用权可以获得较高的收益。利用土地使用权进行债权抵押，也较容易为融资方所接受。此外，有别于寅吃卯粮的未来税收融资，土地融资一般不会增加未来税收，对减轻公共财政负担较为有利。由于土地价格与经济发展速度息息相关，土地融资容易促使举债与发展经济之间形成加速正反馈的关

系。地方政府通过举债投资公共基础设施建设来促进经济增长，经济增长又带来地价增长，而地价的增长又意味着地方政府融资能力的提升。如此循环往复，经济实现快速增长。

土地融资的缺点是土地价格波动较大，影响地方政府偿债能力的稳定性和风险可控性。房地产市场与地方政府债务风险绑定，如果房地产泡沫破灭地价暴跌，债务风险将集中暴露，对整个经济增长及金融体系形成冲击。

2003 年以来，全国土地出让金收入占地方财政一般决算收入的比重的平均数为 50.1%。2003、2007、2010、2011 年均高于平均水平，其中 2010 年土地出让金收入占地方政府财政收入的 67%。2012 年，受房地产市场不景气影响，地方政府土地出让金收入较上年减少 0.46 万亿元，与此同时，地方政府一般决算收入增速也由 2011 年的 27% 下降至 16%（见图 7-9、图 7-10）。

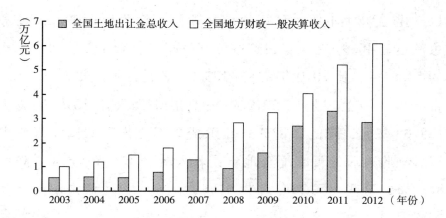

图 7-9 2003~2012 年全国土地出让金收入和全国地方财政收入情况

资料来源：历年《中国财政年鉴》和《国土资源公报》。

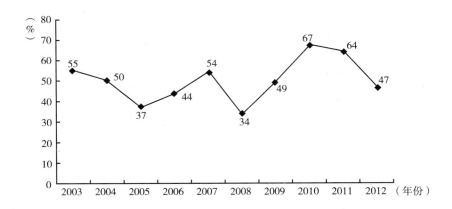

图7－10　全国土地出让金收入占地方政府一般决算比例

资料来源：历年《中国财政年鉴》和《国土资源公报》。

根据审计署报告，2010年底，全国地方政府负有偿还责任的债务余额中，承诺用土地出让收入作为偿债来源的债务余额为25473.51亿元，共涉及12个省级、307个市级和1131个县级政府。2012年底，36个地方政府本级中，4个省本级、17个省会城市本级承诺以土地出让收入作为偿债来源的债务余额达7746.97亿元，占这些地区政府负有偿还责任债务余额的54.64%，比2010年增长1183.97亿元，占比提高3.61个百分点。而上述地区2012年土地出让收入比2010年减少135.08亿元，降低2.83%；扣除成本性支出和按国家规定提取各项收入后的可支配土地出让收入减少179.56亿元，降低8.82%。这些地区2012年以土地出让收入为偿债来源的债务需偿还本息2315.73亿元，为当年可支配土地出让收入的1.25倍。

（五）商业银行偏好为地方政府融资，银行贷款是地方债的主要来源

在各类借贷项目中，地方政府融资项目风险相对较小而预期收益较高，吸引商业银行对地方政府融资较为偏爱。这导致地方政府成为银行的重要客户，银行贷款成为地方债务的主要来源。受美国次贷危机引发的国际金融危机的影响，中国从2008年开始实行适度宽松的货币政策，货币信贷出现大幅增长，主要流向便是由地方政府融资平台所支持的固定资产投资项目。宽松的货币政策得以实施的前提，既要银行积极放贷，也要借款人积极借款。在宽松的宏观经济政策激励下，民间投资和居民消费的启动都经历了一定的过程，唯独地方政府融资平台扩张投资却立竿见影，这说明地方政府融资平台公司的融资飞速扩张是政府和银行双方的主动行为。地方政府融资项目对商业银行而言是柄"双刃剑"，如果风险控制较好，一方面，地方政府获得了宝贵的发展资金，抓住了发展历史契机；另一方面，银行也扩大了业务赚取了利润，借贷双方有望共赢。但如果风险失控，地方政府出现债务危机，也势必把商业银行拖下水，甚至发展为全局性的经济金融危机。

银监会统计数据显示，至2011年9月末，全国共有地方融资平台10468家，平台贷款余额9.1万亿元，占总贷款余额比重为17%。根据审计署公告，2010年底全国地方政府性债务余额中，银行贷款为84679.99亿元，占79.01%（见表7-5）。2012年底36个地方政府本级债务资金的主要来源中，银行贷

款和发行债券分别占 78.07% 和 12.06%。2012 年底银行贷款余额比 2010 年增加 1533.96 亿元，所占比重下降 5.60 个百分点；发行债券、其他单位和个人借款增长较大，分别比 2010 年增加 1782.13 亿元和 1308.31 亿元，增长比率分别为 62.32% 和 125.26%，其中发行债券中的短期融资券和中期票据增长比率达 113.40%。

表 7-5　2010 年底全国地方政府债务资金来源

单位：亿元，%

债权人类别	三类债务合计		政府负有偿还责任的债务		政府负有担保责任的债务		其他相关债务	
	债务额	比重	债务额	比重	债务额	比重	债务额	比重
银行贷款	84679.99	79.01	50225.00	74.84	19134.14	81.88	15320.85	91.77
上级财政	4477.93	4.18	2130.83	3.18	2347.10	10.04	0.00	0.00
发行债券	7567.31	7.06	5511.38	8.21	1066.77	4.56	989.16	5.92
其他单位和个人借款	10449.68	9.75	9242.30	13.77	821.73	3.52	385.65	2.31
总计	107174.91	100.0	67109.51	100.00	23369.74	100.00	16695.66	100.00

资料来源：国家审计署。

（六）地方债务管理机制不健全，偿债准备金制度正在建立

除地方政府债券和各种财政转贷外，大部分地方政府债务收支未纳入预算管理和监督，相关管理制度不健全。据审计署报告，至 2010 年底，在 31 个省级和 5 个计划单列市政府中，有 7 个未出台地方政府债务管理规定，8 个未明确债务归口管

理部门，14 个未建立政府债务还贷准备金制度，24 个未建立风险预警和控制机制。市级和县级政府债务管理制度不健全的问题更为突出，一些地方长期存在债务规模底数不清、偿债责任未落实等问题。2011 年以来，36 个地方政府本级中，有 14 个新出台了地方政府债务管理制度，有 10 个新建立了偿债准备金制度。截至 2012 年底，已有 28 个地方政府本级出台了地方政府债务管理制度，有 31 个建立了偿债准备金制度或在预算中安排偿债准备资金，准备金余额为 907.60 亿元。

三　地方债务的主要风险

（一）债务风险的来源

1. 长期风险：宏观发展风险与地方发展风险

从长期看，地方政府债务风险主要来源于宏观发展风险，和地方发展风险。

从宏观发展风险看，中国经济的持续健康稳定发展是地方政府债务安全的基本保证。但是，中国城镇化已经迈过加速增长阶段，人口聚集、城市扩张的进程会逐渐趋缓乃至稳定下来，特别是某些发展已经接近饱和的地区更是如此。经济增长速度也会由高速增长转为次高速或者中速增长。地方政府举债可用抵押的土地数量和收益、地方政府的税收收入等增速都会出现明显的下滑，从而威胁地方政府的偿债能力。如果地方政府负债过高，会引发地方政府的债务风险，甚至威胁全国的宏观稳定。

从地方发展风险看，地方政府债务主要用于发展地方经济所必需的公共基础设施投资，如果地方政府投资失败，地方经济没有如预期的快速发展，甚至出现停滞或衰退，投资项目变成"鬼城"，则债务风险无疑将爆发出来。如中西部有少部分地级城市已经出现资源枯竭、经济增长无力或人口外流等不利现象，未来将出现较大风险。

总体而言，中国目前发展模式的发展动力尚未衰竭，长期发展潜力仍然较大，中国有望成为世界第一大经济体，因而总体长期风险较小。但也有少部分地方政府有可能面临投资失败，依靠自身财力无法偿还债务。

2. 短期风险来源：债务短期性和收益长期性、外部性的错配导致的现金流风险

地方政府债务的短期风险主要表现为现金流风险，它来源于地方政府债务短期性和收益长期性、外部性的错配。就社会角度而言，地方政府投资总体上回报大于成本，但这并不意味着地方政府债务不存在短期风险。一方面，地方政府债务主要来源于短期信贷融资，偿还期集中于近期；另一方面，地方政府举债主要投资方向的公共基础设施项目具有投资规模大、资金回收期长的特点，如政府收费公路、地铁等。而且还有部分投资项目如环境保护、免费公路等，可能对政府而言只有社会收益而不产生任何现金流入。目前，地方政府偿债的重要渠道是将部分投资外部收益内部化为土地增值收益，通过拍卖土地使用权获得部分现金回笼。这又使得地方政府现金流受制于房地产市场，而房地产市场具有天然的强波动性，从而造成地方政府偿债能力极不稳定。一旦地方政府无法按预期拍卖土地回收资金，就只能通过借新债还旧债的方法来使短期债务被动长期化，形成较大的金融风险。

分区域看，东部发达城市经济发展已经达到一定水平，可以通过土地出让、税收等产生较持续的现金流偿债。一些中部大城市正处于经济起飞前期，需要大量的固定资产投入，但是短期内却只有相对很少的现金产出，容易面临现金流风险。西部贫穷落后地区虽然缺乏现金流，但是举债能力也受到市场限制，从而相对现金流风险较小。

根据审计署报告，2010 年底地方政府债务余额中，2011年、2012 年到期偿还的占 24.49% 和 17.17%，2013～2015 年到期偿还的分别占 11.37%、9.28% 和 7.48%，2016 年及以后到期偿还的占 30.21%（见表 7 - 6）。截至 2010 年底，有 22个市级政府和 20 个县级政府的借新还旧率超过 20%。还有部分地区出现了逾期债务，有 4 个市级政府和 23 个县级政府逾期债务率超过了 10%。

2010 年底，地方政府债务余额中用于高速公路建设的债务余额为 11168.11 亿元，其中政府负有偿还责任的债务754.02 亿元，政府负有担保责任的债务 7809.63 亿元，其他相关债务 2604.46 亿元。部分地区的高速公路处于建设期和运营初期，其收费收入不足以偿还债务本息，主要依靠举借新债偿还。2010 年，全国高速公路的政府负有担保责任的债务和其他相关债务借新还旧率达 54.64%。有 358 家融资平台公司通

表7－6　2010年底全国地方政府债务未来偿债情况

单位：亿元，%

偿债年度	三类债务合计		政府负有偿还责任的债务		政府负有担保责任的债务		其他相关债务	
	债务额	比重	债务额	比重	债务额	比重	债务额	比重
2011	26246.49	24.49	18683.81	27.84	3646.24	15.60	3916.44	23.46
2012	18402.48	17.17	12982.52	19.35	2972.07	12.72	2447.89	14.66
2013	12194.94	11.37	7991.36	11.91	2265.98	9.70	1937.60	11.61
2014	9941.39	9.28	6177.01	9.20	2273.31	9.73	1491.07	8.92
2015	8012.26	7.48	4934.69	7.35	1780.66	7.62	1296.91	7.77
2016年及以后	32377.35	30.21	16340.12	24.35	10431.48	44.63	5605.75	33.58
合计	107174.91	100.00	67109.51	100.00	23369.74	100.00	16695.66	100.00

资料来源：国家审计署。

过借新还旧方式偿还政府负有担保责任的债务和其他相关债务1059.71亿元，借新还旧率平均为55.20%；有148家融资平台公司存在逾期债务80.04亿元，逾期债务率平均为16.26%。

2012年底，36个地方政府本级中，5个省会城市本级政府负有偿还责任的债务的借新还旧率超过20%，最高的达38.01%。14个省会城市本级政府负有偿还责任的已逾期债务181.70亿元，其中2个省会城市本级逾期债务率超过10%，最高的为16.36%。2012年底有10个省本级高速公路债务余额比2010年有所增长，增长额2156.59亿元，增长率为36.88%。2012年，有8个省本级通过举借新债偿还高速公路债务453.85亿元，其中4个省本级高速公路债务的借新还旧率超过50%，3个省本级已出现逾期债务17.15亿元。有6个省本级和 1 个市本级通过举借新债偿还政府还贷二级公路债务 170.69 亿元，借新还旧率为 66.92%；3 个市本级和 1 个省本级已出现逾期债务 31.09 亿元。

2012 年底，36 个地方政府本级的 223 家融资平台公司中，有 68 家资产负债率超过 70%，有 151 家当年收入不足以偿还当年到期债务本息，有 37 家 2012 年度出现亏损。在 2012 年融资平台公司偿还的债务本息 3618.85 亿元中，以财政资金偿还 1205.75 亿元，占 33.32%；举借新债偿还 738.93 亿元，占 20.42%。

（二）地级以上城市地方政府举债能力指数

本节尝试利用地区生产总值、地区生产总值增长率、全社会固定资产投资、房地产开发投资、一般预算收入[①]等 5 项指标，通过线性规划方法，估算中国地级以上城市地方政府举债能力指数[②]（见表 7－7）。举债能力指数值越大，表明在相同的负债水平下，[③] 地方政府用以偿还债务的当期及未来资源越多，从而债务风险越小。或者说，举债能力指数值较大的城市，可以在保持风险不变的条件下，比举债能力指数值较小的城市有相对较高的负债水平。需要注意的是，举债能力指数的估算，不涉及地方政府实际的负债水平，而只和地方政府当前及未来可用以偿债的资源有关。

---

① 各指标均为市辖区数据，不含郊县，以 2011 年末数据为基准。

② 因数据缺失，样本不含拉萨。

③ 此处以债务额/地区生产总值为负债水平度量指标。

表 7 - 7　2011 年地方政府举债能力指数及排名

城市	指数值	排名
河 池 市	1.000	1
三 亚 市	1.000	1
丽 江 市	1.000	1
普 洱 市	1.000	1
临 沧 市	1.000	1
庆 阳 市	1.000	1
定 西 市	1.000	1
云 浮 市	0.987	2
黄 山 市	0.959	3
营 口 市	0.957	4
黑 河 市	0.953	5
广 元 市	0.953	5
丹 东 市	0.946	6
陇 南 市	0.925	7
北 京 市	0.873	8
宣 城 市	0.870	9
贵 阳 市	0.869	10
连 云 港 市	0.863	11
郑 州 市	0.852	12
晋 城 市	0.829	13
铜 仁 市	0.829	13
上 海 市	0.815	14
固 原 市	0.813	15
六 安 市	0.811	16
吴 忠 市	0.787	17
防 城 港 市	0.768	18
合 肥 市	0.761	19
承 德 市	0.756	20
周 门 市	0.756	20

续表

城市	指数值	排名
遂 宁 市	0.748	21
咸 阳 市	0.747	22
滁 州 市	0.745	23
咸 宁 市	0.744	24
贺 州 市	0.738	25
石 家 庄 市	0.730	26
汉 中 市	0.730	26
长 治 市	0.727	27
鸡 西 市	0.714	28
阜 新 市	0.713	29
鹰 潭 市	0.710	30
平 凉 市	0.706	31
邯 郸 市	0.702	32
三 门 峡 市	0.699	33
大 连 市	0.698	34
廊 坊 市	0.697	35
厦 门 市	0.695	36
安 顺 市	0.694	37
池 州 市	0.693	38
威 海 市	0.680	39
鄂 尔 多 斯 市	0.676	40
葫 芦 岛 市	0.674	41
泰 州 市	0.673	42
南 宁 市	0.672	43
辽 阳 市	0.669	44
昭 通 市	0.666	45
萍 乡 市	0.663	46
宁 德 市	0.658	47
开 封 市	0.654	48
西 安 市	0.654	48

城市	指数值	排名
梧 州 市	0.653	49
运 城 市	0.652	50
淮 南 市	0.651	51
鹤 壁 市	0.651	51
沈 阳 市	0.644	52
天 津 市	0.641	53
玉 林 市	0.641	53
雅 安 市	0.638	54
蚌 埠 市	0.637	55
宜 春 市	0.637	55
乌鲁木齐市	0.629	56
淮 安 市	0.628	57
孝 感 市	0.628	57
邢 台 市	0.627	58
焦 作 市	0.626	59
三 明 市	0.625	60
荆 州 市	0.625	60
铁 岭 市	0.622	61
郴 州 市	0.622	61
梅 州 市	0.622	61
潍 坊 市	0.620	62
滨 州 市	0.619	63
潮 州 市	0.618	64
鞍 山 市	0.616	65
芜 湖 市	0.616	65
双 鸭 山 市	0.613	66
福 州 市	0.611	67
盐 城 市	0.610	68
黄 冈 市	0.607	69
杭 州 市	0.604	70

城市	指数值	排名
赣 州 市	0.602	71
哈 尔 滨 市	0.601	72
延 安 市	0.600	73
宁 波 市	0.598	74
沧 州 市	0.593	75
舟 山 市	0.593	75
洛 阳 市	0.593	75
安 阳 市	0.593	75
南 通 市	0.591	76
渭 南 市	0.591	76
宿 迁 市	0.587	77
石 嘴 山 市	0.586	78
牡 丹 江 市	0.584	79
商 丘 市	0.583	80
昆 明 市	0.580	81
秦 皇 岛 市	0.579	82
成 都 市	0.579	82
钦 州 市	0.578	83
常 州 市	0.575	84
嘉 兴 市	0.575	84
商 洛 市	0.574	85
淮 北 市	0.573	86
榆 林 市	0.572	87
上 饶 市	0.570	88
新 乡 市	0.570	88
镇 江 市	0.567	89
吉 安 市	0.567	89
百 色 市	0.567	89
兰 州 市	0.566	90
南 昌 市	0.564	91

续表

城市	指数值	排名
新 余 市	0.564	91
乌兰察布市	0.563	92
菏 泽 市	0.563	92
衡 阳 市	0.562	93
南 京 市	0.561	94
毕 节 市	0.561	94
南 平 市	0.557	95
银 川 市	0.555	96
武 威 市	0.554	97
泰 安 市	0.553	98
武 汉 市	0.553	98
许 昌 市	0.550	99
长 沙 市	0.550	99
无 锡 市	0.548	100
绍 兴 市	0.545	101
抚 顺 市	0.543	102
马 鞍 山 市	0.543	102
广 安 市	0.543	102
清 远 市	0.542	103
保 定 市	0.541	104
锦 州 市	0.540	105
青 岛 市	0.535	106
柳 州 市	0.535	106
绥 化 市	0.531	107
南 充 市	0.529	108
济 宁 市	0.527	109
中 卫 市	0.526	110
深 圳 市	0.524	111
齐齐哈尔市	0.521	112
漳 州 市	0.521	112

续表

城市	指数值	排名
阳 江 市	0.521	112
巴彦淖尔市	0.518	113
苏 州 市	0.518	113
崇 左 市	0.517	114
丽 水 市	0.516	115
阳 泉 市	0.514	116
衡 水 市	0.513	117
本 溪 市	0.513	117
鹤 岗 市	0.513	117
呼伦贝尔市	0.512	118
龙 岩 市	0.511	119
驻马店市	0.510	120
白 城 市	0.509	121
珠 海 市	0.509	121
伊 春 市	0.508	122
重 庆 市	0.508	122
保 山 市	0.508	122
大 同 市	0.500	123
湘 潭 市	0.500	123
吕 梁 市	0.498	124
吉 林 市	0.498	124
来 宾 市	0.497	125
景 德 镇 市	0.496	126
荆 门 市	0.494	127
绵 阳 市	0.493	128
河 源 市	0.492	129
阜 阳 市	0.490	130
濮 阳 市	0.490	130
泸 州 市	0.490	130
长 春 市	0.487	131

续表

城市	指数值	排名
忻 州 市	0.486	132
朔 州 市	0.484	133
日 照 市	0.483	134
温 州 市	0.482	135
莆 田 市	0.480	136
眉 山 市	0.477	137
朝 阳 市	0.476	138
徐 州 市	0.476	138
金 华 市	0.476	138
怀 化 市	0.475	139
张 家 界 市	0.474	140
惠 州 市	0.473	141
四 平 市	0.472	142
赤 峰 市	0.470	143
枣 庄 市	0.470	143
平 顶 山 市	0.470	143
信 阳 市	0.470	143
乐 山 市	0.469	144
鄂 州 市	0.468	145
海 口 市	0.466	146
株 洲 市	0.465	147
乌 海 市	0.462	148
亳 州 市	0.462	148
西 宁 市	0.461	149
永 州 市	0.459	150
盘 锦 市	0.458	151
扬 州 市	0.458	151
益 阳 市	0.458	151
张 家 口 市	0.457	152
台 州 市	0.456	153

城市	指数值	排名
宜　宾　市	0.456	153
随　州　市	0.454	154
宝　鸡　市	0.451	155
肇　庆　市	0.450	156
攀枝花市	0.449	157
贵　港　市	0.448	158
巴　中　市	0.447	159
抚　州　市	0.446	160
汕　尾　市	0.446	160
烟　台　市	0.441	161
酒　泉　市	0.439	162
铜　陵　市	0.438	163
晋　中　市	0.437	164
安　庆　市	0.434	165
衢　州　市	0.432	166
桂　林　市	0.432	166
莱　芜　市	0.430	167
包　头　市	0.428	168
北　海　市	0.428	168
通　化　市	0.427	169
韶　关　市	0.427	169
湖　州　市	0.426	170
曲　靖　市	0.426	170
白　银　市	0.426	170
邵　阳　市	0.425	171
太　原　市	0.420	172
济　南　市	0.417	173
南　阳　市	0.417	173
黄　石　市	0.417	173
七台河市	0.415	174

城市	指数值	排名
中 山 市	0.414	175
天 水 市	0.414	175
临 汾 市	0.413	176
临 沂 市	0.412	177
漯 河 市	0.412	177
聊 城 市	0.410	178
通 辽 市	0.409	179
德 州 市	0.407	180
九 江 市	0.404	181
遵 义 市	0.402	182
资 阳 市	0.398	183
德 阳 市	0.387	184
唐 山 市	0.383	185
达 州 市	0.382	186
襄 樊 市	0.381	187
广 州 市	0.377	188
六 盘 水 市	0.373	189
松 原 市	0.370	190
淄 博 市	0.370	190
东 营 市	0.369	191
宜 昌 市	0.367	192
辽 源 市	0.366	193
常 德 市	0.361	194
内 江 市	0.361	194
揭 阳 市	0.359	195
张 掖 市	0.359	195
泉 州 市	0.355	196
安 康 市	0.351	197
白 山 市	0.340	198
铜 川 市	0.337	199

城市	指数值	排名
呼和浩特市	0.335	200
汕 头 市	0.330	201
江 门 市	0.330	201
金 昌 市	0.328	202
岳 阳 市	0.327	203
娄 底 市	0.326	204
湛 江 市	0.326	204
东 莞 市	0.315	205
自 贡 市	0.314	206
克拉玛依市	0.295	207
十 堰 市	0.292	208
嘉 峪 关 市	0.285	209
宿 州 市	0.271	210
佛 山 市	0.268	211
茂 名 市	0.264	212
佳 木 斯 市	0.251	213
大 庆 市	0.204	214
玉 溪 市	0.177	215

四　改革地方融资体制，化解地方债务风险

将地方政府为发展经济所必须举借的短期债务，通过发债的办法转换为长期债务，从而与地方政府公共基础设施投资收益的长期性相匹配，化解借新债还旧债或依赖土地收益还债的风险。在加大中央政府行政约束基础上，通过融资平台的有限责任化，充分发挥市场机制对地方政府的债务约束作用。区分

发达程度不同区域，对贫困落后地区主要依靠加大转移支付力度，避免债务负担堆积。

（一）市场约束与行政监管互为补充，控制地方债务规模不合理扩张

中央政府可以对地方政府的借款实行必要控制，包括按年度或月份进行借款总额控制、禁止地方政府的不合理借款、对地方政府的借款进行审查和监督、禁止违规担保等。除了直接控制，中央政府还可以通过法律法规对地方债务操作进行合理的规则管理。主要管理指标包括地方财政赤字上限、地方政府偿债能力指数、地方债务累积上限、地方公共支出水平等。但总体而言，"上有政策、下有对策"，地方政府可通过信托贷款、融资租赁、售后回租、发行理财产品、BT（建设—移交）、垫资施工等很多隐蔽办法规避中央政府债务约束，单纯的直接管制效果并不显著。此外，中央政府对地方债务的直接管制无形中使中央为地方提供了隐形的财政担保，这会引发预算软约束问题。地方政府可能为了使投资项目和借款申请顺利通过，选择最容易受中央青睐的项目，而不是根据投资回报和项目风险进行选择，从而降低投资效率。

另外，在自由的市场经济环境下，资金的贷出者会通过借贷利率和借贷数量来对借款人进行约束，没有持久收入支持的负债不会系统性存在。有效利用市场约束是控制地方政府债务风险的重要方面。地方政府为了在借贷市场上树立良好的融资信誉，也会主动对自己进行财务约束。这要求国内

金融市场相对地方政府必须是独立、自由、开放的，地方政府无法通过对金融机构的管制或者干预把自己置于借款人的优先地位，中央政府不会为地方政府债务提供现实或隐性的担保。地方政府在出资范围内对融资平台公司承担有限责任，实现融资平台公司债务风险内部化。根据财政部、发展改革委、人民银行、银监会《关于贯彻国务院关于加强地方政府融资平台公司管理有关问题的通知相关事项的通知》（财预〔2010〕412号），自该通知下发之日起，对于融资平台公司的新增债务，地方政府仅以出资额为限承担有限责任。如果债务人无法偿还全部债务，债权人也应承担相应责任。对融资平台公司进行规范化和有限责任化，是利用市场机制约束地方政府债务的良好开始。

（二）在明确有限责任的条件下，发行债券解决长短期债务转换问题

地方政府债务短期性和收益长期性、外部性的错配，是地方政府债务风险的主要来源。一方面，通过发行地方债券融资，可以有效地将地方政府以银行贷款为主体的短期债务，转换为以应付债券为主的可流通长期债务，从而化解地方政府债务风险。另一方面，一旦给了地方政府发债自主权，按一般的政府举债规律，地方政府债务余额将滚雪球式不断增长，地方政府债务负担将不断加深，最终阻碍地方经济增长。俄罗斯经济转轨过程中大幅借贷分权引发联邦财政危机和卢布崩溃的案例表明，在没有建立地方政府破产制度和硬预算约束，没有完

成国有银行改制，没有完善官员负责和考核机制情况下，中央贸然向地方政府下放举借债务的权力可能引发债务危机和宏观经济风险。即便在发达国家，因发债失控导致地方政府破产的例子也不少。

美国、澳大利亚、新西兰、印度等国地方政府均拥有自主发行债券的权力。而中国现阶段实行的是中央政府代发地方债，就形式来说，没有改变中央发债的形式，只不过偿还主体由中央政府变为地方政府。至于发行数额和下一年能否继续发行，仍然由中央政府决定。中央政府集中代发地方债，抑制了地方政府自主发债可能出现的较高利率，但无法满足地方政府发展的资金需求缺口，导致地方政府产生更隐蔽性债务。中央政府担保也掩盖了地方债务的风险，不利于投资者识别风险并进行市场监督。

未来的发展方向是，严格区分行政支出赤字与地方政府为发展经济的主动融资。对于行政支出赤字禁止地方政府直接发债弥补。对于地方政府为发展经济的主动融资，地方政府可根据政策法规规定，组成明确有限责任的投资公司，通过资产注入或一定期限内特许经营权注入，由负有限责任的投资公司自主发债，在弥补地方政府发展资金缺口的同时，化解融资现金流风险，实现经济社会良性发展。

在地方政府为发展经济的主动融资中，对于没有现金收益的公共基础设施投资项目，可以采取与有现金收益的基础设施投资项目打包的办法。通过合理的资产组合，形成具有融资能力和偿还能力的负有限责任的融资项目。

（三）通过规范化、透明化降低融资成本，严控地方政府高息举债

流程规范化、财务透明化有利于降低地方政府融资成本，从而减轻地方政府债务负担。根据一般经济规律，地方政府举债操作越不规范，地方政府财务收支越不透明，则地方政府举债的成本越高。当地方政府举债完全采取黑箱运作时，社会投资者将对地方政府债务产生本能的恐慌，此时，地方政府需要支付较高的利息才能获取社会融资。因而，需要健全完善地方政府举债偿债的相关法规律度，限制地方政府运用过于复杂的融资工具或金融衍生工具，引入会计、审计和财务信息披露规范和标准。支持鼓励对地方政府进行科学合理的信用评级，构建科学合理的地方政府债务风险预警机制。减少中央和地方政府之间、地方政府和社会融资者之间、地方政府和地方纳税人之间的信息不对称风险，提高地方政府的举债偿债透明度。

对地方政府高息举债进行严格控制。高息举债从投向看多投违反经济规律的政绩工程、面子工程、短期项目。从投资效益看风险大于机会，容易形成沉重的公共负担。目前地方政府通过 BT、信托、集资等隐性手段举借了不少高息项目，有些项目年化利率高达 20% 以上，亟须加以规范。

（四）建立完善的公共资产交易平台，解决地方政府资产变现问题

近年来，地方政府通过大量的公共基础设施投资，形成了

数量较大的公共资产。此外，地方政府持有或控股了一些国有企业、矿山等。更重要的是，地方政府还垄断了土地使用权出让的一级市场。应当说，地方政府控制的各类资产数额是很庞大的。但目前存在的问题是，缺乏完善的公共资产交易平台，地方控制的各类资产变现困难，抑制了地方政府举债与偿债能力。未来可通过建立完善的公共资产交易平台，逐步实现地方资产证券化，解决地方政府长期收益变现问题。

（五）加大对贫穷地区转移支付力度，防止贫困地区债务负担增长

在一些资源匮乏、交通偏远的贫穷地区，虽然政府有举债的需要，但往往政府举债能力较弱，进而发生大规模债务风险的可能性很小。由于这些地区也存在合理的公共支出需要，当本期收入不能覆盖公共支出时，债务将被动增长。地方债务积累将导致未来的税费上升，使得企业经营的困难增加，当地居民的就业、收入都会受到不利影响，投资和消费结构进一步扭曲，进一步阻碍经济的增长。因而，需要中央政府加大对贫困地区转移支付力度，支持基础设施水平的合理提高和经济增长，避免陷入债务负担的恶性循环中不能自拔。

参考文献

封北麟：《地方政府投融资平台的财政风险研究》，《金融与经济》2009 年第 2 期。

龚强等：《财政分权视角下的地方政府债务研究：一个综述》，《经济研究》2011 年第 7 期。

国家审计署：《36 个地方政府本级政府性债务审计结果》，2013 年第 24 号公告。

国家审计署：《全国地方政府性债务审计结果》，2011 年第 35 号公告。

沈明高、彭程：《地方融资平台远虑与近忧》，《中国改革》2010 年第 5 期。

时红秀：《财政分权、政府竞争与中国地方政府的债务》，中国财政经济出版社，2007。

魏加宁：《地方政府投融资平台的风险何在》，《中国金融》2010 年第 16 期。

杨志勇、杨之刚：《中国财政制度改革 30 年》，格致出版社、上海人民出版社，2008。

后　记

　　中国社会科学院财经战略研究院宏观经济课题组是在2011 年底，伴随着中国社会科学院财经战略研究院的创建而成立的，并由中国社会科学院研究员、著名经济学家刘迎秋担任首席研究员，主要目的是对中国宏观经济形势进行跟踪分析，探讨经济运行中存在的主要矛盾和问题，并提出解决矛盾和问题、维护经济金融稳定的政策建议。课题组的相关研究成果，通过月度报告、季度报告和年度报告等形式，借助网络、报刊和出版社等平台，向社会各界传播发布，目前已有多篇在《人民日报》、《经济日报》和《经济参考报》等重要报刊上发表并产生了较大的社会影响。

　　这本《中国宏观经济运行报告》是中国社会科学院财经战略研究院宏观经济课题组的第二部年度报告。在《中国宏观经济运行报告》的写作过程中，各位课题组成员都付出了极大的心血。在此向他们表示诚挚的感谢。各章的主要执笔人如下：

　　第一章执笔人：刘迎秋、吕风勇（中国社会科学院财经战略研究院）。第二章执笔人：高伟（中央财经大学经济学院）。第三章执笔人：郭冠清（中国社会科学院经济研究所）。第四章执笔人：吕风勇（中国社会科学院财经战略研究院）。第五章执笔人：吕风勇（中国社会科学院财经战略研究院）。第六章执笔人：郭宏宇（外交学院国际经济学院）。第七章执笔人：邹琳华（中国社会科学院财经战略研究院），陈玉秀（江西财经大学）。

　　　　　　　　　　　　　2013 年 11 月 10 日于北京

图书在版编目（CIP）数据

中国宏观经济运行报告. 2013~2014/刘迎秋，吕风勇主编.
—北京：社会科学文献出版社，2013.12
（中国社会科学院财经战略研究院报告）
ISBN 978 - 7 - 5097 - 5310 - 1

Ⅰ.①中… Ⅱ.①刘… ②吕… Ⅲ.①宏观经济运行 - 研究
报告 - 中国 - 2013~2014 Ⅳ.①F123.16

中国版本图书馆 CIP 数据核字（2013）第 278661 号

中国社会科学院财经战略研究院报告

中国宏观经济运行报告（2013~2014）

主　　编／刘迎秋　吕风勇

出 版 人／谢寿光
出 版 者／社会科学文献出版社
地　　址／北京市西城区北三环中路甲 29 号院 3 号楼华龙大厦
邮政编码／100029

责任部门／皮书出版中心（010）59367127　　责任编辑／姚冬梅　李春艳　汪　智
电子信箱／pishubu@ ssap. cn　　　　　　　责任校对／师敏革
项目统筹／姚冬梅　　　　　　　　　　　　责任印制／岳　阳
经　　销／社会科学文献出版社市场营销中心（010）59367081　59367089
读者服务／读者服务中心（010）59367028

印　　装／北京季蜂印刷有限公司
开　　本／787mm×1092mm　1/16　　　印　　张／16
版　　次／2013 年 12 月第 1 版　　　　　字　　数／171 千字
印　　次／2013 年 12 月第 1 次印刷
书　　号／ISBN 978 - 7 - 5097 - 5310 - 1
定　　价／69. 00 元